4차 산업혁명시대 직장인의 소통과 대화기술을 위한

의사소통
액션북

이지연 저

머리말

　현재 우리는 소통이 절실한 시대에 살고 있다. 직장과 가정, 그리고 사회 여러 영역에서 화합과 행복, 목표달성 등 소통의 필요성을 느끼며 살고 있다. 특히 직장은 서로 다른 사람들이 모여 공동의 목표를 이루기 위하여 모인 곳이다. 서로 다른 특성을 가진 각각의 사람들이 모여 업무를 한다는 것은 쉽지 않으며 이에 따른 소통은 필수불가결한 것이다. 아무리 자신의 전문적 능력이 뛰어나다 하더라도 소통하지 못하는 인재라면 그는 더 이상 자신의 능력을 펼쳐나갈 수 없다. 특히 4차 산업혁명으로 인한 초연결의 시대에서 협력과 소통의 중요성은 더욱 강조되고 있다. 이러한 소통의 중요성에 따라 협력과 소통을 위한 여러 활동이 이루어지고 있으나 여전히 소통이 아닌 불통의 사례를 쉽게 볼 수 있으며 소통의 방법을 몰라 힘들어하는 학생과 직장인이 많다. 특히 신세대 신입직원들은 소통의 문제로 고민하며 더욱 힘들어한다.

　특히, 요즘 대학생들은 밀레니얼 세대로 이들은 과거와 달리 SNS, 스마트폰과 같은 모바일 환경에서 더 많은 소통을 하고 있다. 대면하여 소통하는 것보다 인터넷상에서의 소통이 더욱 편한 그들은 과거 세대와는 여러 부분에서 다른 가치관을 가지고 있으며 직장에서도 예전과 다른 직업관으로 사회생활을 하고 있다. 이는 단순한 의사소통의 문제를 넘어 서로가 다른 가치관 및 성장환경 등에서 출발한다. 이에 따라 서로에 대한 이해와 배려가 필요하며 의사소통을 위한 기본적인 자세 및 태도에 대하여 생각해 볼 필요가 있다.

　본서는 이러한 소통의 문제를 해결하기 위하여 "NCS 직업기초 의사소통능력"을 토대로 직장에서 필요한 기본적인 태도부분을 추가하여 집필하였다. NCS 직업기초능력은

3

직무를 수행하기 위한 것으로 지식(knowledge), 기술(skill), 상황 및 도구(condition)로 분류하여 직무능력에 따른 표준을 구성하였으나 직업기초능력에서 태도부분은 그 중요도가 더욱 부각되고 있다. 이에 따라 태도부분을 추가하여 본서를 구성하였다.

또한 NCS 의사소통능력의 하위능력인 문서이해능력과 기초외국어능력은 별도로 수업하는 경우가 많아 본 교재에서는 제외하였다. **따라서 본 교재는 NCS 직업기초 의사소통능력의 하위요소인 경청능력과 의사표현능력을 중점적으로 다루었으며 태도부분을 추가**하여 자신의 의사소통 태도에 대한 점검과 함께 실질적으로 의사소통능력을 향상시킬 수 있도록 하였다.

본서는 효율적으로 의사소통하는 데 필요한 능력으로 구성하였으며, 수업에서 배운 내용을 토대로 일상생활 및 직장에서 직접 적용하며 성찰하고 실습할 수 있도록 하였다. 그래서 이론 및 사례와 함께 액션 중심으로 구성함으로써 일방적인 이론중심의 학습이 아닌 직접적인 교육의 참여를 통하여 체험중심의 학습이 이루어질 수 있도록 하였다. 의사소통능력, 태도, 경청능력, 표현능력의 총 4부로 나누어 의사소통능력, 의사소통을 위한 태도, 경청, 의사표현, 효과적 의사표현, 질문과 코칭, 유형별 의사소통, 상황별 의사소통, 프레젠테이션 등의 총 9개의 Chapter로 구성하였다.

의사소통은 직장에서 업무를 하는 경우뿐만 아니라 일상생활에서도 매우 중요한 부분이다. 본서를 통해 수업교재뿐만 아니라 일상생활과 사회생활을 하면서 두고두고 다시 꺼내보며 자신의 의사소통을 점검하며 도움이 될 수 있기 바라며, 일상생활과 직장생활에서 소통을 통한 즐거움을 경험하며 행복한 삶을 이루어나가기를 기대한다.

저자의 첫 번째 책『서비스, 고객경험을 디자인하라』와 함께 두 번째 책『의사소통 액션 북』까지 출간을 위해 언제나 세심하게 많은 도움을 주신 백산출판사 관계자 여러분께 깊은 감사를 드립니다.

2019년 2월
저자 올림

차례

PART

1

의사소통능력

Chapter

01

의사소통능력

"인간에게 가장 중요한 능력은 자기표현이며,
현대는 의사소통에 의해 좌우된다."

— 피터 드러커 —

CHAPTER 01

의사소통능력

1. 의사소통의 개념

의사소통(communication)은 '상호 공통점을 나누어 갖는다.'는 뜻으로 라틴어 '코무니스(communis : 공통, 공유)'에서 유래되었으며 '커뮤니티(community)'의 뜻인 공동체, 지역사회라는 의미에서 그 맥락을 함께한다.

의사소통이란 두 사람 또는 그 이상의 사람들 사이에서 일어나는 의사의 전달과 상호교류가 이루어진다는 뜻이며, 어떤 개인 또는 집단이 개인 또는 집단에 대해서 정보, 감정, 사상, 의견 등을 전달하고 그것들을 받아들이는 과정을 의미한다. 또한, 의사소통의 수단은 언어적 요소와 비언어적인 요소로 이루어져 있으며, 이를 효과적으로 사용했을 때 원활한 의사소통이 이루어질 수 있다. 즉 의사소통이란 둘 이상의 사람들 사이에서 언어적, 비언어적 요소의 소통수단을 통하여 정보, 감정, 사실, 사상, 의견 등을 상호작용하는 과정이라고 할 수 있다.

이와 같은 커뮤니케이션에 대한 다양한 정의를 토대로 소통이 가지고 있는 속성을 살펴보면 다음과 같다.

- 두 사람 이상의 사이에서 발생한다. ： co- ： with, together
- 언어적, 비언어적 요소를 통하여 전달한다. ： 경로(channel)
- 메시지(생각과 감정, 느낌, 사실·정보와 의견, 의미)를 교환한다. ： message
- 전달과 피드백의 상호작용과정이다. ： interaction
- 상호 이해를 목적으로 한다. ： under + stand

Action **의사소통 어떻게 해야 할까?**

신입사원 '이초보'는 오늘 ○○회사에 입사하여 첫 출근을 한 날이다.
인사팀을 방문하였으며, 곧 담당부서의 '김사랑 과장님'을 찾아가 신입사원임을 알리며 팀원들에게
인사를 해야 한다. 첫 출근의 첫 만남이니만큼 좋은 이미지를 전달하고 싶다.

인사를 어떻게 해야 할까?

• 대상 : _____ 에게

• 언어적 요소 : _____

• 비언어적 요소 : _____

• 생각, 감정 : _____

• 사실, 정보 등 : _____

2. 의사소통의 중요성

"인간에게 가장 중요한 능력은 자기표현이며, 현대는 의사소통에 의해 좌우된다."고
피터 드러커가 말했듯이 현대사회를 살아가는 사람들에게 의사소통은 자신의 능력을
표현하는 수단일 뿐 아니라 타인과의 관계를 이어갈 수 있는 소통의 수단이 된다. 또한,
의사소통을 통하여 서로의 공감대를 형성하게 되며 신뢰를 주고받게 된다.

1) 4차 산업혁명시대의 의사소통

4차 산업혁명의 도래로 많은 일자리 및 노동의 변화가 예고되고 있다. 이에 클라우스
슈바프는 "우리는 지금까지 우리가 살아왔고 일하고 있던 삶의 방식을 근본적으로 바꿀

기술혁명 직전에 와 있다. 이 변화의 규모와 범위, 복잡성 등은 이전 인류가 경험했던 것과는 전혀 다를 것이다. 적응하지 못하면 패자가 될 것이다"고 말하고 있다. 이에 4차 산업혁명을 이끌어가며 이에 적응할 수 있는 인재상에 대한 관심을 가질 필요가 있다. 많은 전문가들은 4차 산업혁명시대를 이끌 인재가 갖춰야 할 역량으로 협력, 소통, 통섭, 창의력 등을 꼽고 있다. 4차 산업혁명시대에는 여러 분야의 전문가들과 협력하며 소통하는 것이 무엇보다 중요한 능력으로 요구되며 이에 따른 의사소통능력은 자신의 역량을 펼쳐나갈 수 있는 기본적인 능력이 될 것이다. 협력과 소통의 의사소통능력이 갖추어지지 않는다면 4차 산업혁명시대에서 더 큰 인재로 성장하는 데는 한계점이 있다고 하겠다.

2) 개인 삶의 만족과 의사소통

인간은 사회적 동물이다. 혼자서는 인생을 살아갈 수 없으며 누군가와 함께 대인관계를 맺으면서 행복을 느끼며 추구하게 된다. 대인관계에서 의사소통은 관계를 맺는 데 중요한 역할을 하게 된다. 의사소통을 통하여 타인과 소통하며 관계를 맺어가게 된다. 자신이 원하는 것을 당당히 요구할 수 있으며, 자신의 감정표현을 통하여 공감대를 형성하고 친밀감을 형성하게 된다. 또한, 대인관계에서 일어나는 다양한 상황에서의 문제를 의사소통으로 해결하게 된다. 관계에서의 효율적인 의사소통으로 자신의 욕구를 충족시킴으로써 개인 삶의 만족도를 높이게 된다.

3) 직장생활과 의사소통

사회생활 및 직장생활을 하는 현대인에게 있어 의사소통은 생존을 위한 필수적인 요소라 할 수 있다. 아침에 출근하여 퇴근할 때까지 의사소통을 하지 않는 직장인은 한

명도 없으며, 자신이 하는 일의 대부분을 의사소통의 수단을 통해 진행하게 된다.

의사소통을 통하여 업무를 시작하며, 정보를 전달, 설득 및 협의를 함으로써 업무를 진행하게 된다. 의사소통을 얼마나 효과적으로 잘 하느냐에 따라 자신의 능력에 대한 평가는 달라질 수 있으며 관계 속에서의 효율적인 의사소통을 통해 업무진행에 영향을 받기도 한다.

효율적이고 원활한 의사소통은 조직과 팀의 핵심적인 요소이며, 구성원 간에 정보를 공유하거나 의사결정을 전달하는 중요한 수단이기도 하다. 단순하게 말하면 개인 간에 정보를 교환하는 과정이라고도 할 수 있다. 팀의 효율성과 효과성을 성취할 목적으로 구성원 간의 정보와 지식의 전달과정으로서 공통의 목표를 추구, 성과를 결정하는 핵심기능이라 할 수 있다.

또한, 현대 직장인들은 공식적인 상황에서의 말하기 능력의 비중이 높아지고 있는 만큼 효과적으로 말하는 기술이 필요하다. 더불어 의사소통은 내가 상대방에게 메시지를 전달하는 과정이 아니라 상대방과의 상호작용을 통해 메시지를 다루는 과정이다. 따라서 성공적인 의사소통을 위해서는 내가 가진 정보를 상대방이 이해하기 쉽게 표현하는 것도 중요하지만, 상대방이 어떻게 받아들일 것인가에 대한 고려가 바탕이 되어야 한다.

Action   나에게 의사소통이 중요한 이유는 무엇까요?

나의 전공에서 향후 필요한 역량 / 개인적인 삶에서 의사소통 / 직장에서의 의사소통

3. 조직의 의사소통 유형

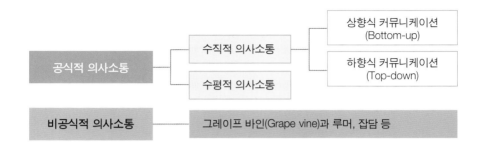

직장 및 조직은 공동의 목표를 위한 업무적인 만남인 만큼 의사소통에 신중을 기할 필요가 있다. 자신의 생각과 느낌을 효과적으로 표현하는 것과 타인의 생각과 느낌, 사고를 이해하는 노력은 개인은 물론이고 조직이나 팀에서 업무에 필요한 핵심적인 요소이다.

이렇듯, 효율적인 의사소통은 팀워크를 향상시키며 공동의 목표를 달성하는 데 효과적으로 작용하게 되지만, 비효율적인 의사소통은 조직 소통에 부정적인 영향을 미치게 된다. 이렇듯 조직의 의사소통은 팀 분위기뿐 아니라 팀 성과에도 영향을 미치게 되므로 조직에서 의사소통의 중요성은 더욱 커지고 있다.

1) 공식적 의사소통

공식적인 의사소통은 조직의 업무진행을 위한 것으로서 권한체계와 업무처리 절차를 명확히 하기 위한 의사소통을 의미한다. 공식적 의사소통은 수직적 의사소통과 수평적 의사소통으로 나눌 수 있다.

■ 수직적 의사소통

① 상향식 커뮤니케이션(Bottom-up)

상향식은 상사로부터 지시받은 사항에 대하여 보고하거나 부하 직원들이 가지고 있는 생각과 의견을 자발적으로 상사에게 전달하는 것을 말한다.

사례

우리 회사의 상향식 커뮤니케이션에는 어떤 것이 있을까?

모기업의 장미특공대는 서비스 혁신을 주도하는 단체로 과장급 이하의 실무자로 구성되어 있다. 장미특공대는 각 서비스 접점에서 개선해야 할 부분을 직접 찾아 아이디어를 찾아 윗선에 보고하며 경영진은 좋은 아이디어 부분에 대하여 회사경영에 적극적으로 반영할 수 있도록 한다.

② 하향식 커뮤니케이션(Top-down)

하향식은 최고 경영자, 관리자의 생각이나 의견, 정보가 공식적인 경로를 통해서 부하 직원들에게 전달되는 것을 의미한다.

사례

우리 회사의 하향식 커뮤니케이션에는 어떤 것이 있을까?

1. 비전 및 미션
2. 고객만족 헌장
3. 신년 메시지

■ 수평적 의사소통

수평식은 조직 내에서 대등한 지위에 있는 조직이나 구성원들 간에 일어나는 커뮤니케이션으로 기업 내부의 정보공유를 활성화시킬 수 있다.

2) 비공식적 의사소통

비공식적 의사소통은 주로 구두에 의하여 이루어지며 비공식적 경로를 통해 광범위하고 빠르게 퍼져나간다. 특히, 요즘에는 SNS의 발달로 비공식적 의사소통의 확산이 급속도로 빠르게 퍼지며 그 영향력도 커질 수 있음에 주의할 필요가 있다. 이러한 비공식적 의사소통에는 그레이프 바인(Grape vine)과 루머, 잡담 등이 포함된다. 그레이프 바인은 정보나 의사가 원래의 뜻과는 다르게 전달되는 것을 의미하지만, 오늘날에는 비공식적 의사소통을 일컫는 용어로도 사용된다. 여러 동료들에 대한 비밀스런 이야기들이나 부정적인 이야기, 그리고 인사이동 전 떠도는 여러 소문들이 이에 속한다.

그레이프 바인의 장단점은 다음과 같다. 때로 조직의 응집력을 높이는 역할을 하며 조직 변화의 필요성에 대하여 경고하기도 하지만 비생산적인 소문으로 인하여 조직의 사기가 침체되거나, 부서 간·개인 간의 갈등을 야기하는 등 불필요한 에너지를 소비하게 된다. 이에 따라 그레이프 바인 정보의 취사선택에 신중을 기할 필요가 있다.

■ [소통하지 않으면 추락한다]

　　세계적인 경영 대가인 말콤 글래드웰(Malcom Gladwell)의 『아웃라이어』에 실린 "비행기 추락에 담긴 문화적 비밀(The Ethnic Theory of Plane Crashes)"에서 대한항공의 사례를 통해 소통의 중요성을 언급한다. 말콤 글래드웰은 1997년 8월에 220여 명의 생명을 앗아간 괌 추락사고의 원인에서 기장과 부기장 사이의 의사소통 문제를 중요한 요소로 꼽았고, 소통이 안 된 원인은 '상하 간에 경직된 서열문화'에 있다고 언급했다.

출처 : 이지연(2017), 서비스, 고객경험을 디자인하라

4. 의사소통의 구성요소

1) 송신자

　의사소통에서 생각, 감정, 정보 등의 메시지를 전달하는 사람이다. 송신자는 메시지가 정확하게 전달할 수 있도록 유의할 필요가 있다.

2) 메시지

　송신자의 생각, 의도, 감정, 정보의 내용으로 의사소통의 주제가 된다. 메시지가 명확하게 전달될 수 있도록 주제에 따른 효과적인 의사소통 방법 및 수단을 선택할 필요가 있으며 이에 따른 노력이 필요하다. 이를 위해 의사소통 기술이 필요하며 상대방에 대한 적절한 태도 및 정확한 내용전달을 위한 지식이 필요하다.

3) 수신자

　의사소통에서 송신자가 전달하는 생각, 감정, 정보 등의 메시지를 받아들이는 사람으로 수신자의 환경, 과거경험, 가치관, 신념 등에 따라 송신자와 다르게 해석할 수 있다. 이에 따라 송신자의 의도대로 정확하게 전달될 수 있어야 하며 이를 위해 수신자의 노력이 필요하다.

4) 피드백

의사소통에서 송신자가 수신자에게 메시지가 제대로 전달되었는지 확인하는 과정이다. 이는 의사소통의 과정에서 쌍방으로 이루어지는 과정으로 송신자는 제대로 전달되었는지 확인하는 피드백과정을 거치는 것이 중요하다.

5. 의사소통 자가진단

전혀 그렇지 않다(1점), 그렇지 않다(2점), 보통이다(3점), 조금 그렇다(4점), 매우 그렇다(5점)

	나는 평소에	점수				
1	커뮤니케이션의 구성요소에 대해 자신 있게 말할 수 있다.					
2	가까이 지내는 사람들이 나와 의논하는 것을 좋아한다.					
3	상사와 업무상 대화에서 나의 생각을 부담없이 말하는 편이다.					
4	사람들의 성격이 대화에 영향을 미친다는 사실에 대해 잘 알고 있다.					
5	커뮤니케이션에 도움을 주는 스킬에 대해 세 가지 이상 말할 수 있다.					
6	상대방의 이야기를 들을 때 적극적으로 반응을 보이는 편이다.					
7	아무리 복잡한 내용도 핵심을 중심으로 간결하게 잘 정리한다.					

8	상대가 기분 나쁜 말을 하면 화를 내기 전에 그 입장을 이해하려고 한다.				
9	사람들의 커뮤니케이션 스타일에 관심을 가지고 있다.				
10	상대가 고민을 털어놓을 경우 충고하기보다 많이 듣는 편이다.				
11	업무와 관련된 사항을 정해진 시간 안에 간단명료하게 말하는 편이다.				
12	최근 6개월 사이에 유행하는 신조어 5개를 1분 안에 말할 수 있다.				
13	우리 조직의 커뮤니케이션 문화에 대해 잘 알고 있다.				
14	업무에 필요한 지식이나 정보를 정기적으로 습득하는 편이다.				
15	후배(부하)의 수준에 맞춰 알기 쉽게 말해주는 편이다.				
16	커뮤니케이션을 방해하는 유형에 대해 들어본 적이 있다.				
17	사람들의 성격별 화법의 차이에 대해 관심이 많은 편이다.				
18	세미나나 회의 등을 다녀오면 중요한 내용을 요약, 정리한다.				
19	업무에 필요한 문서(보고서, 기획서)를 부담없이 작성하는 편이다.				
20	중요한 의사결정 시 감정(편견)에 흔들리지 않고 기준에 충실한 편이다.				
	합계(세로로 합계를 내보자)				
		A	B	C	D

출처 : 김영민(2009), (대한민국 핵심 인재를위한) 커뮤니케이션 특강

1) 의사소통 자가진단 분석 결과

A : 의사소통에 대한 기본 지식과 준비도

B : 메시지를 적극적으로 수용할 수 있는 능력

C : 메시지를 알기 쉽게 표현할 수 있는 역량

D : 의사소통 환경에 대한 이해도

	A (지식)	B (수용)	C (표현)	D (환경이해)
16~20				
11~15				
6~10				
1~5				
계				

2) 의사소통 향상방안

　의사소통 자가진단 결과를 살펴보고 의사소통 향상방안에 대한 구체적인 방법에 대하여 작성해 보시오.

Action

● **지식**

_____

_____

● **수용**

_____

_____

● **표현**

_____

_____

● **환경이해**

_____

_____

6. 의사소통 스타일 분석

다음에 제시된 키슬러의 대인관계 의사소통 양식지에 체크하여 자신의 대인관계 의사소통 스타일을 알아보자.

전혀 그렇지 않다					약간 그렇다				상당히 그렇다					매우 그렇다			
1					2				3					4			
문 항		1	2	3	4		문 항			1	2	3	4				
1	자신감이 있다					21	온순하다										
2	꾀가 많다					22	단순하다										
3	강인하다					23	관대하다										
4	쾌활하지 않다					24	열성적이다										
5	마음이 약하다					25	지배적이다										
6	다툼을 피한다					26	치밀하다										
7	인정이 많다					27	무뚝뚝하다										
8	명랑하다					28	고립되어 있다										
9	추진력이 있다					29	조심성이 많다										
10	자기자랑을 잘한다					30	겸손하다										
11	냉철하다					31	부드럽다										
12	붙임성이 없다					32	사교적이다										
13	수줍음이 있다					33	자기주장이 강하다										
14	고분고분하다					34	계산적이다										
15	다정다감하다					35	따뜻함이 부족하다										
16	붙임성이 있다					36	재치가 부족하다										
17	고집이 세다					37	추진력이 부족하다										
18	자존심이 강하다					38	솔직하다										
19	독하다					39	친절하다										
20	비사교적이다					40	활달하다										

1) 진단 분석 결과

각 유형별 문항에 대한 응답을 아래의 칸에 합산하세요. 그리고 아래 그림에 자신의 점수를 0표로 표시하고 점수들을 연결하여 팔각형을 그리세요.

팔각형의 모양이 중심으로부터 특정 방향으로 기울어진 형태일수록 그 방향의 대인 관계 의사소통 양식이 강하다고 해석됩니다. (이 결과는 자신의 대인관계 의사소통에 대하여 주관적으로 지각한 것일 뿐이므로 고정관념을 갖지 않도록 유의하여야 합니다.)

- 지배형(1, 9, 17, 25, 33) _____
- 실리형(2, 10, 18, 26, 34) _____
- 냉담형(3, 11, 19, 27, 35) _____
- 고립형(4, 12, 20, 28, 36) _____
- 복종형(5, 13, 21, 29, 37) _____
- 순박형(6, 14, 22, 30, 38) _____
- 친화형(7, 15, 23, 31, 39) _____
- 사교형(8, 16, 24, 32, 40) _____

[키슬러 양식에 의한 나의 대인관계 의사소통 양식]

2) 키슬러 양식에 의한 대인관계의사소통 스타일 해설

- 지배형은 자신감이 있고, 지도력이 있으나 논쟁적이고 독단이 강하여 대인 갈등을 겪을 수 있으므로 타인의 의견을 경청하고 수용하는 자세가 필요하다.

- 실리형은 이해관계에 예민하고 성취지향적으로 경쟁적이며 자기중심적으로 타인의 입장을 배려하고 관심을 갖는 자세가 필요하다.

- 냉담형은 이성적인 의지력이 강하고 타인의 감정에 무관심하고 피상적인 대인관계를 유지하므로 타인의 감정상태에 관심을 가지고 긍정적 감정을 표현하는 것이 필요하다.

- 고립형은 혼자 있는 것을 선호하고 사회적 상황을 회피하며 지나치게 자신의 감정을 억제하므로 대인관계의 중요성을 인식하고 타인에 대한 비현실적인 두려움의 근원을 성찰해 볼 필요가 있다.

- 복종형은 수동적이고 의존적이며 자신감이 없으므로 적극적인 자기표현과 주장이 필요하다.

- 순박형은 단순하고 솔직하며 자기주관이 부족하므로 자기주장을 하는 노력이 필요하다.

- 친화형은 따뜻하고 인정이 많고 자기희생적이나 타인의 요구를 거절하지 못하므로 타인과의 정서적인 거리를 유지하는 노력이 필요하다.

- 사교형은 외향적이고 인정하는 욕구가 강하며, 타인에 대한 관심이 많아서 간섭하는 경향이 있고 흥분을 잘 하므로 심리적으로 안정하고 지나친 인정욕구에 대한 성찰이 필요하다.

3) 키슬러 양식에 의한 대인관계의사소통 스타일진단 결과에 대해 자신의 느낀 점(장점 및 단점 등)을 작성하시오. 또한, 자신의 의사소통 개선을 위한 구체적인 실천방안에 대하여 작성해 보시오.

Action

● **장점**

_____

_____

_____

_____

● **단점**

_____

_____

_____

_____

● **개선방안**

_____

_____

_____

_____

7. 바람직한 의사소통을 저해하는 요인 한국산업인력공단 제시 내용

무책임한 마음   착각하는 마음   안주하는 마음

1) '일방적으로 말하고', '일방적으로 듣는' 무책임한 마음

누구나 실질적인 업무를 맡으면 '실수를 범하지 않도록' 주의를 기울이는 법이다. 하지만 의사소통을 하는데 혹시 '정확히 전달되었는지', '정확히 이해했는지'를 확인하지 않고 그 순간을 넘겨버린다면 서로 '엇갈린 정보'를 가지게 된다.

→ 의사소통 기법의 미숙, 표현능력의 부족, 이해 능력의 부족

2) '전달했는데', '아는 줄 알았는데'라고 착각하는 마음

사소한 것이라도 '엇갈린 정보'를 바로잡지 않은 채 커뮤니케이션을 하면 업무상 문제가 발생한다. 하지만 자신은 '전달했는데', '아는 줄 알았는데' 하며 착각에 빠져 있기 때문에 업무상 문제를 정보공유의 부족에서 오는 것이라고 생각하지 않는다. '~는데'에서 오는 착각은 서로에게 '엇갈린 정보'만 갖게 할 뿐이다.

→ 평가적이며 판단적인 태도, 잠재적 의도

3) '말하지 않아도 아는 문화'에 안주하는 마음

'말하지 않아도 안다', '호흡이 척척 맞는다', '일은 눈치로 배워라' 등과 같이 직접적인 대화를 통해서 관계하는 것보다, 오히려 '눈치'를 중요시하는 의사소통을 미덕이라고 생각하는 경향이 있다. 말하지 않아도 마음이 통하는 관계는 '최고의 관계'이지만, 비즈니스 현장에서 필요한 것은 마음으로 아는 눈치의 미덕보다는 정확한 업무처리임을 명심해야 한다.

→ 과거의 경험, 선입견과 고정관념

Action

자신의 의사소통을 저해하는 요인을 작성해 봅시다~!

8. 의사소통능력개발방법 한국산업인력공단 매뉴얼 참조

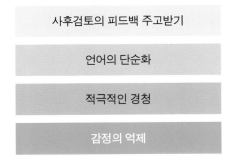

1) 사후검토와 피드백(feedback) 주고받기

피드백(feedback)이란 상대방에게 그의 행동의 결과가 어떠한지에 대하여 정보를 제공해 주는 것을 말한다. 즉, 그의 행동이 나의 행동에 어떤 영향을 미치고 있는가에 대하여 상대방에게 솔직하게 알려주는 것이다. 의사소통의 왜곡에서 오는 오해와 부정확성을 줄이기 위하여 말하는 사람 또는 전달자는 사후검토와 피드백을 이용하여 메시지의 내용이 실제로 어떻게 해석되고 있는가를 조사할 수 있다.

얼굴을 맞대고 하는 의사소통에서는 이러한 사후검토나 피드백을 직접 말로 물어볼 수도 있고, 얼굴표정 등으로 정확한 반응을 얻을 수 있기 때문에 용이하다. 또한 피드백은 상대방이 원하는 경우 대인관계에 있어서 그의 행동을 개선할 수 있는 기회를 제공해 줄 수 있다. 하지만 부정적이고 비판적인 피드백만을 계속적으로 주는 경우에는 오히려 역효과가 나타날 수 있으므로 피드백을 줄 때 상대방의 긍정적인 면과 부정적인 면을 균형 있게 전달하도록 유의하여야 한다.

2) 언어의 단순화

의사소통에서 나누는 내용을 구성할 때 사용되는 언어는 받아들이는 사람을 고려하여 어휘들을 주의하여 선택하며 보다 명확하고 이해 가능한 것을 선택해야 한다. 의사소통에서 필요한 상황에 따라 용어의 선택은 달라질 수 있다. 전문용어는 그 언어를 사용하는 집단 구성원들 사이에서 사용될 경우 이해를 촉진시키지만, 조직 밖의 사람들에게 예를 들어 고객에게 사용했을 때에는 의외의 문제를 야기할 수 있기 때문에 의사소통을 할 때 주의하여 단어를 선택하는 것이 필요하다.

3) 적극적인 경청

우리는 다른 사람과 대화를 할 때 신체적으로는 가까이 있으면서도 상대가 말하고자 하는 내용에는 관심을 보여주지 않는다면 그 사람과는 의미있는 대화를 더 이상 나누기 어렵다. 단순히 상대방의 이야기를 들어주는 것과 경청의 의미는 다르다. 듣는 것은 수동적인 데 반해 경청은 능동적인 의미의 탐색이다. 경청의 의미는 의사소통을 하는 양쪽 모두가 같은 주제에 관해 생각하고 있다는 것이다.

하지만 경청은 지적인 노력을 요구하고 전적으로 정신력의 집중을 필요로 하기 때문에 그리 쉬운 일이 아니다. 따라서 상대방의 입장에서 생각하려고 노력하면서 감정이 이입될 때, 현재 일어나고 있는 의사소통에서 무엇이 이야기되고 있는가를 주의 깊게 경청하게 되며, 비로소 적극적인 경청이 이루어지게 된다.

4) 감정의 억제

우리는 감정적인 존재이므로 언제나 이성적인 방법으로 의사소통을 하지는 않는다. 의사소통에 있어서 느낌을 갖는다는 것은 자연스러운 일이다. 하지만 자신의 상황에 따라 어떤 문제에 대해 감정적으로 좋지 못한 상황에 있을 때 듣거나, 문서가 주어진다면 메시지를 곡해하기 쉽다. 반대로 자신이 전달하고자 하는 의사표현을 명확하고 정확하게 하지 못할 경우가 많다. 이러한 상황에 있을 때 가장 좋은 방법은 침착하게 마음을 비우도록 노력하고, 자신이 평정을 어느 정도 찾을 때까지 의사소통을 연기하는 것이다. 하지만 조직 내에서 의사소통을 무한정 연기할 수는 없기 때문에 먼저 자신의 분위기와 조직의 분위기를 개선하도록 노력하는 등의 적극적인 자세가 필요하다.

PART

2

태도

Chapter

02

의사소통을 위한 태도

"긍정적인 태도는 강력한 힘을 갖는다.
그 어느 것도 그것을 막을 수 없다."

– 매들린 랭글 –

CHAPTER 02
의사소통을 위한 태도

1. 태도

1) 태도의 개념

태도는 어떤 대상이나 사건 등에 대하여 어떤 인식과 감정 및 평가를 가지며 호의적 또는 비호의적으로 반응하는 준비상태이다. 태도는 3가지의 구성요소인 감정 혹은 정서적(emotional), 행동적(behavioral), 인지적(cognitive) 요소로 이루어진다.

인지적 요소란 어떤 대상에 대한 지식이나 생각, 신념 등을 말하는 것으로 개인이 어떤 판단 및 결정을 내릴 수 있도록 유익한 정보를 제공하는 역할을 담당한다. 감정적 요소란 어떤 대상에 대해서 좋고 나쁨의 느낌으로 특정 대상물에 대한 호감 또는 비호감, 긍정 또는 부정적인 느낌을 말한다. 행동적 요소란 그 어떤 대상에 대해서 어떻게 행동을 하려는 의도적인 마음가짐이나 경향 등을 뜻하는 것이다.

```
                            ┌─ 인지적 요소
태도의 구성요소  ──────┼─ 감정적 요소
                            └─ 행동적 요소
```

Action

M회사에 다니고 있는 '김불만'은 5년차 대리 직급을 가진 직장인이다. 그는 최근 M회사로 이직에 성공하였다. 하지만 전에 다니던 회사와는 다르게 M회사는 야근이 가끔씩 있는 분위기였으며 강요는 하지 않았다. 평소 '김불만'은 직장생활을 하면서 '워라벨'을 추구하며 강조하던 직장인이었다. 이에 자신은 절대 야근을 하지 않을 것이라며 다짐을 한다. 하지만 본인이 원해서 이직한 회사인 만큼 M회사에 대한 애정을 가지고 있었지만 야근에 대한 부담감과 고민이 더욱 커지자 갑자기 M회사에 대한 애정도는 식기 시작하였으며 여러 불만사항들이 생겨났다. 그리고 오늘은 팀원들 모두 야근을 해야 하는 분위기다. 김불만은 어떻게 해야 할지 고민하였으나 자신이 주장하던 '워라벨'을 위하여 야근을 하지 않을 생각을 하고 있다.

당신이 김불만이라면 오늘 어떻게 하겠는가?
나의 사회생활에 대한 태도는 어떠한가?

_____

_____

_____

_____

2) 태도의 중요성

　하버드 경영대학원의 한 보고서에서 기업의 성공요인으로 정보, 지능, 기술, 태도 4가지 요인을 발표한 바 있다. 하지만 기업성공의 핵심적인 4가지 요소 중 정보와 지능, 기술을 합쳐도 전체의 성공요인 중 7%에 불과하다고 한다. 나머지 93%는 바로 태도가 차지한다. 즉, 그 기업의 성공을 93%나 좌우하게 되는 것은 그 구성원들의 태도에 달려 있는 것이다. 또한, 각 개인의 성공적인 삶에 있어서도 태도는 결정적인 영향을 미치게 된다. 어떠한 사건이나 대상에 대한 긍정적 또는 부정적 태도는 자신의 행동으로 연결되기 때문이다.

　의사소통에서도 태도는 의사소통의 질에 영향을 미치게 된다. 사건을 대하는 태도와 대화상대자에 대한 태도가 어떠하느냐에 따라 긍정 또는 부정적인 대화가 이어지기 때문이다. 긍정적인 태도를 통한 의사소통은 서로의 공감대를 형성하며 오해 없이 메시지를 잘 전달할 수 있게 된다. 이를 통해 자신이 목적한 바를 효과적으로 이룰 수 있게 된다. 하지만 부정적인 태도를 통한 의사소통은 부정적인 감정을 전달하게 됨으로써 서로에게 불만과 상처를 남기게 된다.

　어느 성당 건축에 돌을 다듬는 사람이 셋 있었다. 그들은 각자 땀을 뻘뻘 흘리며 큰 돌을 다듬고 있었다. 나그네가 길을 가던 중 이 돌을 유심히 보다가 3명에게 똑같은 질문을 했다. "지금 무엇을 하는 겁니까?" 첫 번째 석공이 답했다. "보면 몰라요? 돌을 다듬고 있지 않습니까? 열심히 일해도 몇 푼 받지 못합니다." 두 번째 석공이 답했다. "성당 짓는 데 쓰일 석재를 다듬는 중입니다. 좀 더 좋은 일이 있으면 그만둘 거예요." 그렇다면 세 번째 석공은 어떻게 답했을까? 그는 이렇게 답했다. "신을 모실 성스러운 공간을 짓고 있는 중입니다. 다음에 완공되면 꼭 보러 오세요."

3) 자기인식

소크라테스가 남긴 유명한 말 중 "너 자신을 알라"는 말이 있다. 자신의 이해에 관한 말이지만 "나는 누구인가?"라는 질문에 쉽게 답할 수 있는 사람은 많지 않다. 특히 대학생인 학생들은 자신에 대한 이해를 통하여 자신의 성장을 이끌어나가야 하며 사회에 진출하기 전 자신의 올바른 가치관을 형성시켜야 할 때이기 때문에 더욱더 "나는 누구인가?"에 답할 수 있는 자기인식은 중요하다 할 수 있다.

자기인식(Self-awareness)이란 개인이 자신의 생각이나 감정에 주의를 집중하여 알아차리는 것으로서, 궁극적인 자기인식 단계를 가리켜 메타-자기인식(meta self-awareness)이라 칭하며, 이러한 상태는 인지적·정서적으로 깨어 있는 상태를 말한다.(이정석, 박홍석, 2017)

자기인식은 자기이해와 타인이해 등으로 구분할 수 있으며, 이는 관계형성 및 의사소통에 영향을 미치게 된다. 올바른 자기인식은 자신의 감정 및 태도를 인지함으로써 자신의 감정을 조절하고 상대방을 배려할 수 있다. 이렇듯 올바르고 긍정적인 자기인식은 자신의 행동에도 영향을 미치며 더욱더 긍정적인 행동을 하는 데 영향을 미치게 된다. 또한 올바른 타인이해는 상대방의 감정이나 태도, 행동에 대한 이해를 통해 긍정적인 관계를 만들어 나간다. 이러한 긍정적 관계는 의사소통에도 긍정적인 영향을 미칠 수 있게 된다. 하지만 반대로 자신 및 타인에 대한 인식이 부족한 경우 자기중심적이며 과민한 대인관계 및 의사소통으로 이어질 수 있다.

또한, 자기인식의 자신에 대한 긍정적인 평가는 다른 사람과의 관계 및 의사소통에서

뿐만 아니라 자기 자신의 성장에도 영향을 미치게 된다. 예컨대 자신에 대하여 '나는 괜찮은 사람이야'라고 생각하면 괜찮은 사람처럼 행동하려는 경향을 나타내게 된다. 이는 표정과 말과 행동으로 자신에게 긍정적인 영향을 미치게 되는 것과 같은 결과로 자신의 성장으로 연결되게 된다.

[자기 평가적 의식의 행동특성]

긍정적인 자기개념을 갖는 학생에게서 볼 수 있는 행동	부정적인 자기개념을 갖는 학생에게서 볼 수 있는 행동
1. 주위에 대해 능동적이며 호기심을 가지고 다양한 접촉을 한다.	1. 다소 소극적이며 새로운 경험을 피하려 하고 한정된 접촉밖에 하지 않는다.
2. 친구를 쉽게 만들고 떠들며 웃고 때로는 복잡한 일에 말려든다.	2. 부끄러움을 잘 타고 내향성이며 양친이나 교사로부터 자주 '좋은 아이'로 불린다.
3. 유머의 센스가 있고 농담을 좋아하며 자기 자신을 웃어넘길 수 있다.	3. 지나치게 착실하고 신경질적이며 웃음거리가 되는 것을 두려워하는 경향이 있다.
4. 질문하고 문제를 분명히 하며 문제해결을 위한 계획을 세우거나 그것을 실시할 때 기꺼이 자기 역할을 수행하려고 한다.	4. 문제 삼으려 하는 것을 피하려 하고 무엇을 해야 할 것인가가 명확하지 않다는 이유로 불평하고 희망적인 생각에 의해 계획을 세운다.
5. 위험을 무릅쓰는 것도 마다 않고 대화에 대해 공헌하고 자기의 생각이 옳다고 믿으면 행동에 착수할 수 있다.	5. 확신이 없고 쉽게 주장을 철회하며 자주 다른 사람에게 '이것이 옳다고 생각하는가?', '어떻게 생각하는가?' 하고 묻는다.
6. 자기 업적에 나름대로의 긍지를 가지고 자만하지 않고 허세도 부리지 않는다.	6. 자기 능력과 업적을 지나치게 주장하고 거만하며 허세부리고 남을 업신여긴다.
7. 타인들과 함께 일을 하거나 놀며 쉽게, 자연스럽게 협조하고 타인을 돕는다.	7. 지나치게 경쟁적이며 자기만이 할 수 있다는 경향이 강하며 가능하면 타인을 빠뜨린다.
8. 언제나 쾌활하고 침착하며 손에 넣을 수 없는 것에 대해 불평하지 않으며 불필요한 걱정은 하지 않는다.	8. 언제나 우울하고 안절부절못하며 다양한 일에 걱정을 하고 많은 일에 불평한다.

출처 : Hamachel(1978) ; 박상수(2014)

Action　Who am I? : 마인드 맵

나는 어떤 태도를 가지고 있는가?
자신의 마인드 맵을 통하여 자신의 태도를 살펴보자.

Action

나는 나 자신에 대하여 긍정적 자기인식을 가지고 있는가?
그렇지 않다면 긍정적 자기인식을 위해서 노력할 부분은 무엇인가?

2. 자존감

1) 자존감의 개념

심리학에서 자존감은 '자신에 대한 전반적인 평가(Coopersmith, 1967)' 혹은 '자신에 대한 긍정적 평가와 관련되는 것으로 자기존경의 정도와 자신을 가치있는 사람으로 생각하는 정도(Rosenberg, 1965)'를 의미한다(양난미, 이동귀, 박현주, 2013 재인용). 『자존감 수업』의 저자 유홍균은 그의 책에서 자존감을 3가지 축인 자기효능감, 자기조절감, 자기 안정감으로 설명하였다. '자기효능감'은 자신이 얼마나 쓸모 있는 사람인지 느끼는 것을 의미한다. 이는 직장에서의 능력에 관한 것으로 업무적인 부분에 관련된 것으로 설명할 수 있다. '자기조절감'은 자기 마음대로 하고 싶은 본능을 의미한다. 자유로움이 충족되어야 자존감이 높아진다는 것이다. 마지막 '자기 안정감'은 자존감의 바탕이 되는 것으로 안전감과 편안함을 느끼는 능력을 의미한다.

2) 자존감의 중요성

자존감은 행복감에 영향을 주는 요인으로 최근 경쟁사회로 인한 이기주의, 개인주의가 성행하게 됨으로써 행복에 대한 관심과 함께 자존감에 대한 관심이 높아지고 있다. 특히 대학생은 사회진출을 앞두고 취업 준비를 하면서, 그리고 직장에 들어가 새로운 환경에 놓이게 되면서, 자존감이 떨어지는 상황에 맞닥뜨리게 된다. 그렇기 때문에 안정된 자존감을 통해 다양한 상황에서 자신의 자존감이 떨어지지 않고, 자존감을 향상시킬 수 있도록 준비할 필요가 있을 것이다.

직장에서는 치열한 경쟁사회에서 다른 직원들과의 비교와 경쟁, 평가와 승진, 갈등과 어려운 근무환경 등으로 인하여 자존감이 낮아지는 여러 상황에 처하게 된다. 고객과의 관계에서도 나의 잘못과 상관없이 자존감이 떨어지는 상황에 직면하게 되는 경우가 종종 있다. 하지만 자존감이 높은 사람들은 건강한 자존감으로 어려운 상황들을 긍정적으로 헤쳐 나가며 자신의 더 큰 성장을 이루어 나가게 된다. 반면 자존감이 낮은 사람들은 더욱 떨어진 자존감으로 자신의 실력과 능력을 재대로 발휘하지 못한 채 낙심하며 사회생활에 적응해 나가는 데 어려움을 겪게 된다.

이처럼 자존감은 대인관계 및 자신의 학업과 일 등 자신의 삶의 전반적인 부분에 심리적 영향을 미치게 됨으로써 자신의 행복에도 영향을 미치게 된다. 그렇기 때문에 대인관계 및 의사소통에서 관계를 맺는 기술과 방법을 터득함과 동시에 예기치 않은 상황에서도 자신을 가치있게 생각할 수 있도록 자존감을 향상시킬 수 없는 방법을 터득하여 자신감 있고 적극적인 대인관계를 이루어 나갈 필요가 있다.

3) 자존감의 향상법

자신을 사랑하기	성공체험하기
당당하게 표현하기	긍정적 자기 미래상 만들기

① 자신을 사랑하기

모든 사람에게는 장단과 단점이 존재한다. 하지만 자존감이 낮은 사람들은 자신의 장점보다는 단점을 먼저 생각하며 비난을 통해 자신의 자존감을 낮추는 특징을 가지고 있다. 반대로 자존감이 높은 사람들은 자신의 단점도 인정하면서 장점에 대하여 스스로 칭찬하며 자랑스러워한다. 또한 자신이 무엇을 원하는지, 무엇을 했을 때 행복한지 등 자신이 원하는 것을 채워가며 자신을 사랑할 줄 안다. 이들은 이러한 자신의 사랑을 통해 더욱더 자신을 성장시키며 행복한 삶을 만들어 나간다.

자신의 장점이 무엇인지 생각해 보자. 그리고 자신의 장점 10가지를 작성해 보자. 생각지 못했던 자신의 장점을 찾을 수 있을 것이다. 이를 통해 자신에 대한 긍정적 마인드를 갖게 되며 자신감을 가질 수 있을 것이다. 작은 실천을 통해 자신을 의식적으로 사랑해 보자.

② 성공체험하기

새로운 경험 또는 자신이 성공한 체험들은 자신감을 갖게 한다. 이는 자존감으로 연결된다. 과거에 성공한 경험을 생각해 보자. 뿌듯한 생각이 들 것이다. 또한 향후 내가 성공할 수 있는 작은 목표를 세워서 노력해 보자. 이를 달성한다면 뿌듯함을 넘어 더 큰 자신감으로 성장할 것이다. 또한, 그 과정 속에서도 자신의 자존감은 형성될 것이다.

③ 당당하게 표현하기

자신의 감정이나 의견 등을 표현하는데 서툰 경우가 있다. 이는 감정과 의견을 표현하지 않았던 습관이었을 수 있으며 방법을 모르기 때문이기도 하다. 하지만 자신의 감정과 의견을 당당히 표현하지 않다 보면 자신의 감정과 의견을 자신이 무시해 버리는 결과가 될 것이다. 자신을 사랑한다면 자신이 무엇을 원하는지, 그리고 어떤 감정인지를 잘 파악하며 이를 올바른 방법으로 잘 전달할 수 있어야 한다. 그래서 자신이 원하는 것을 충족시킬 수 있어야 한다.

④ 긍정적 자기 미래상 만들기

자신의 긍정적 미래상을 만들어보자. 5년 뒤 혹은 10년 뒤의 모습을 상상해 보는 것이다. 지금은 이루어 나가는 과정이지만 꼭 되고 싶은 직업, 하고 싶은 일, 미래의 모습을 상상함으로써 의욕이 넘치는 것을 느낄 수 있을 것이다. 끊임없이 자신에게 열정과 에너지를 부여할 수 있는 자신을 만들어보자.

Action

- 5년 후 또는 10년 후 나의 모습은 어떠할까?

- 무엇을 하고 있을까?

- 어디에 있을까?

- 누구와 함께하고 있을까?

Action

나의 장점 10가지를 작성하시오.

1.

2.

3.

4.

5.

6.

7.

8.

9.

10.

Action

학창시절 학교에서 또는 개인의 사적 생활에서 목표한 바를 이루었던 자신의 성공체험에 대하여 작성하고 이를 조원들과 나눠봅시다.

_____

_____

_____

_____

_____

_____

_____

_____

_____

_____

_____

올해 성취고자 하는 목표 및 구체적인 방법들에 대하여 작성하고 이를 조원들과 나눠봅시다.

_____

_____

_____

_____

_____

_____

_____

_____

_____

_____

_____

3. 감성

1) 감성의 개념 및 중요성

EQ(Emotional intelligence Quotient)

자신과 다른 사람의 감정을 이해하는 능력과 감정을 통제할 줄 아는 능력

"성공하기 위해서는 지식 및 기술도 중요하지만

그보다 감성적인 부분이 성공에 더 큰 영향을 미칠 수 있다!"

감성지수인 EQ(Emotional intelligence Quotient)는 자신과 다른 사람의 감정을 이해하는 능력과 감정을 통제할 줄 아는 능력을 의미하는 것으로 EQ가 높은 사람들은 타인과의 원활한 관계를 통해 자신을 성장시키며 삶을 성공적으로 이끌어간다. 또한 직장에서 고객과의 관계에서는 친절함을 느끼게 하며 불편한 상황을 편하게 풀어나가는 등 고객의 불만을 매끄럽게 해결해 나가는 것을 볼 수 있다. 즉, 사람과의 관계를 구축해 가는 능력이 뛰어나다고 할 수 있다. 의사소통을 하면서도 라포를 형성, 공감대를 이루어나가며 진정성을 느끼게 한다.

Talent Smart는 백만 명이 넘는 사람들의 EQ를 분석한 결과 EQ가 일을 성공적으로 수행하는 데 58% 정도 기여한다고 밝혔으며 뛰어난 수행능력을 가진 사람들의 90%는 높은 EQ를 가졌다고 했다. 리더십 전문가 토마스(Tomas J. Neff)와 제임스(James M. Citrin)의 책 『Lessons from the Top』에서 사업을 1등으로 이끌고 있는 성공리더 50명의 15가지 공통 자질을 제시하였는데 15가지의 자질 중에서 단지 세 가지의 지적 혹은 기술적 능력을 제외하고는 대부분이 감성적 측면의 자질인 열정, 커뮤니케이션 기술, 동기부여, 내적 평화, 긍정태도 등의 자질을 꼽았다. 즉 성공하기 위해서는 지식과 기술도 중요하지만 그보다 감성적인 부분이 성공에 더 큰 영향을 미칠 수 있다는 것이다.

2) 감성지능의 5가지 영역

감성을 키울 수 있는 방법으로 하버드대학 심리학자이자 감성리더십 전문가인 다니엘 골먼은 다음과 같이 감성지능을 5가지 영역으로 정의하였다.

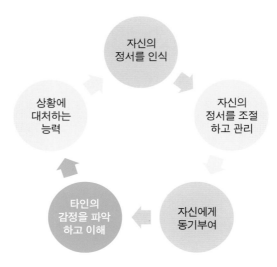

① 자신의 정서를 인식하는 능력

다니엘 골먼은 자신의 내면의 소리에 귀 기울이는 '자기인식 능력'을 키우는 것이 우선이라고 주장하였으며 이를 위해 자기성찰의 시간을 통해 자신의 감성상태, 강점과 약점, 니즈, 지향점, 가치 등을 객관적으로 파악할 필요가 있다고 하였다. 자신의 정서를 인식하는 능력이 부족하게 되면 자신의 감정상태를 파악하지 못하며 내키는 대로 행동하게 됨으로써 인간관계 및 의사소통에 부정적인 영향을 미치게 된다. 하지만 자기인식 능력이 높은 사람들은 자신의 한계 및 단점, 강점을 파악하여 모든 일에 자신감을 가지게 되며 적절한 시기에 타인의 도움을 요청할 수 있게 된다.

② 자신의 정서를 조절하고 관리하는 능력

자신의 정서 및 감정을 인식하며 이를 긍정적으로 관리 및 조절할 수 있는 능력이다. 이를 위하여 긍정적인 태도와 마인드를 가질 필요가 있으며, 자신의 감정을 적절하게 표현할 수 있도록 의사소통, 마인드 전환 등 구체적인 방법 등을 통해서 실천할 필요가 있다. 자기의 정서를 조절 및 관리하는 능력이 높은 사람은 합리적인 사고와 공정함을 가지며 불확실한 상황에서도 동요하지 않는다.

③ 자신에게 동기를 부여하는 능력

자신에게 동기를 부여하는 능력은 '자기 관리 능력 키우기'로 자기의 감정을 통제하고 언제나 긍정적인 마인드를 유지하며 진취적인 자세로 업무의 성과를 높일 수 있도록 한다. 성공하는 사람들의 특징은 자신에게 동기 부여하는 능력이 뛰어난 것을 발견할 수 있다. 자신에게 동기를 부여하며 에너지를 줄 수 있는 방법을 통해 이를 실천할 수 있다.

④ 타인의 감정을 파악하고 이해하는 능력

타인인식 능력을 키우는 것으로 타인과의 관계를 유지할 수 있는 능력이다. 다른 사람의 얼굴표정이나 목소리, 행동 등을 통해 상대방의 감정을 읽어내는 능력이 뛰어나며 타인의 미세한 변화를 캐치하며 그에 따라 자신의 행동이나 대화를 맞춰 나갈 수 있다. 요즘 직장은 팀형태의 업무가 늘어남에 따라 타인과 좋은 관계를 유지하며 업무를 할 수 있는 능력이 요구된다. 이에 따라 그 중요도가 커지고 있다.

⑤ 대인관계 속에서 상황에 대처하는 능력

'관계관리능력'을 키우는 것으로 상대방과 팀의 협력을 요구하며 갈등을 해결하여 관계를 향상시킬 수 있는 능력으로 위의 4가지를 모두 통합하여 사용할 수 있다.

3) 감성 향상을 위한 방법 최한규(2015), 좌절하지 않고 쿨하게 일하는 감정케어

자신의 감정목표를 세운다	감정일기를 써라
행동과 마음의 채널을 바꿔 좌절을 극복하라	자문자답이 하루를 좌우한다

① 자신의 감정목표를 세운다

'목표라고 하면 눈에 보이는 결과물이 생기는 것만을 생각하기 쉽지만 눈이 보이지 않는 감정이나 기분에 대해서도 필요에 따라 목표를 설정할 수 있다. 목표는 달성여부와 달성 정도를 합리적이고 구체적으로 검토할 수 있도록 설정해야 한다. P57의 감정목표 양식에 일정에 따라 자신의 감정목표를 세워 적어보자.

② 감정일기를 써라

내가 오늘 하루 동안 어떤 기분을 느꼈고, 이런 기분으로 인해 내가 어떤 영향을 받았는지를 적는 것이다. 이렇게 일기를 적으면 상대의 행동에 자신이 특정한 반응을 보인다는 것을 확인할 수 있다. 그리고 그 이유를 찾아보면 특정한 반응을 보이는 원인을 알 수 있어 자신의 행동을 예측할 수 있다.

③ 행동과 마음의 채널을 바꿔 좌절을 극복하라

끓어오르는 분노나 자기 정당화를 위한 화와 경멸을 경험할 때 일어나는 적대적인 에너지를 긍정적인 에너지로 바꾸는 것은 오롯이 내 몫이다. 내가 어떤 노력을 기울이느냐에 따라 좌절을 경험할 수도 성공을 경험할 수도 있다.

- 차분한 음악을 들어라
- TV를 멀리하고 운동하라
- 자기비판을 피하라
- 긍정적인 관계를 만들어라
- 멘토를 찾아라

④ 자문자답이 하루를 좌우한다

'우리는 무의식중에 자신에게 어떤 질문을 하고 있을까?' 자문은 대체로 무의식적으로 하기 때문에 대부분의 사람들은 자신이 스스로에게 어떤 질문을 하는지 의식하지 못한다. 그러나 의도적으로 이 질문에 초점을 맞추면 의식할 수 있다. 아침에 일어나서 '오늘은 팀에 어떤 도움을 줄 수 있을까?', '오늘은 어떤 즐거움이 있을까?'라는 질문을 스스로에게 던져보자. 그러면 틀림없이 다양한 그림들이 머릿속에 떠오르면서 아침부터 기분 좋은 느낌이 들 것이며, 이런 기분으로 인해 행동 또한 활기차게 될 것이다.

Action 감정 일기

1. 오늘 하루 동안 느꼈던 기분 및 감정에 대하여 작성해 봅시다.

_____

_____

_____

_____

_____

_____

_____

2. 오늘 느꼈던 기분 및 감정으로 어떤 영향을 받았나요?

_____

_____

_____

_____

_____

_____

Action 감정 목표 양식

구분	일정	출근 전(등교 전)	오 전	오 후	퇴근 후(하교 후)
생각					
감정					
행동					

■ 감정 분류

– 기쁨, 즐거움, 사랑

기쁜	짜릿한	아늑한	느긋한	정다운	감미로운
벅찬	시원한	신바람 나는	끝내주는	그리운	황홀한
포근한	반가운	흥분되는	날아갈 듯한	화사한	상큼한
흐뭇한	후련한	온화한	괜찮은	자유로운	평화로운
상쾌한	살맛 나는	안전한	쌈박한	따사로운	야릇한

– 슬픔, 좌절, 화한

뭉클한	애끓는	주눅 드는	참담한	무기력한	짓눌리는 듯한
눈물겨운	애처로운	공허한	맥 빠지는	거북한	죽고 싶은
서운한	외로운	허전한	마음이 무거운	막막한	애틋한
처량한	후회되는	뭔가 잃은 듯한	애석한	서글픈	침울한
울적한	울고 싶은	적적한	비참한	안타까운	위축되는
허탈한	복받치는	낙심되는	풀이 죽은	절망적인	쓸쓸한
우울한	암담한	자포자기의			

– 분노, 미움, 싫음

얄미운	열 받는	지겨운	찜찜한	떨떠름한	넌더리나는
불쾌한	불편한	피하고 싶은	괘씸한	성질나는	약 오르는
언짢은	후덥지근한	씁쓸한	속상한	원망스러운	하찮은
쌀쌀한	역겨운	부담스러운	짜증스러운	신경질 나는	핏대 서는
더러운	귀찮은	기분 나쁜	따분한	세상이 싫은	분한
메스꺼운	끔찍한	혐오스러운	꼴 보기 싫은	지긋지긋한	진저리나는
심술나는	지루한	못마땅한	권태로운	불만스러운	

출처 : 박보영, SO통!!(2011), 에듀큐

4) 긍정 감정 키우기

긍정적인 감정은 행복감과 창의성, 소통관계, 이타심, 업무의 성과 등에 영향을 미치게 된다. 자신의 행복한 삶과 성공적인 사회생활을 위해서는 긍정적인 감정을 키워나가는 자신의 의지가 필요하다. 사회생활을 하면서 긍정적인 감정을 계속적으로 유지하기는 쉽지 않으나 긍정적인 감정을 키우기 위해서 다음의 방법을 실시해 보도록 하자.

① 긍정적인 생각을 습관화하라

의도적으로 긍정적인 생각을 습관적으로 할 필요가 있다. 긍정적인 생각의 습관은 기쁘고 즐거웠던 일, 그리고 나의 하루에서 감사한 일을 찾아보는 것 등을 통하여 향상시킬 수 있다.

한달 내에 기쁘고 즐거웠던 일을 찾아보자.

② 대인관계에서 친절을 베풀라

좋은 사람과의 관계는 자신에게 긍정적인 정서를 상승시킨다. 특히, 우리나라 사람들은 사람들과의 관계를 통해 행복감을 느끼는 경우가 많다. 사람들과의 만남 속에서 친절을 베풀어보자.

③ 열정을 통해 충실한 삶을 만들기

자신의 충실한 삶 속에서 행복을 만들어보자. 자신의 열정 속에서 몰입을 경험하게 된다면 자신의 삶 속에서 더 큰 행복을 체험하며 만들어 나갈 수 있을 것이다.

나의 삶 속에서 열정을 쏟을 수 있는 것은 무엇인가?

4. 조하리 창(Johari Window)

미국의 심리학자인 조셉 루프트(Joseph Luft)와 해리 임햄(Harry Ingham)이 발표한 이론으로서 두 사람 이름의 앞부분을 따서 '조하리'라고 이름을 붙였다. 조하리 창은 자신에 대한 이해를 도울 수 있는 도구로 다른 사람과의 관계 속에서 자기 자신을 더 잘 이해하며 자신의 성향과 개선점을 찾도록 해주는 도구다. 이는 4가지 영역으로 나누어져 있으며 각각 열린 영역(open area), 맹인영역(blind area), 숨겨진 영역(hidden area), 미지의 영역(unknown area)으로 구분된다. 이는 자기공개(self-disclosure) 및 노출과 피드백(feedback)을 통해 각각의 영역으로 나뉘게 되며 이동하게 된다.

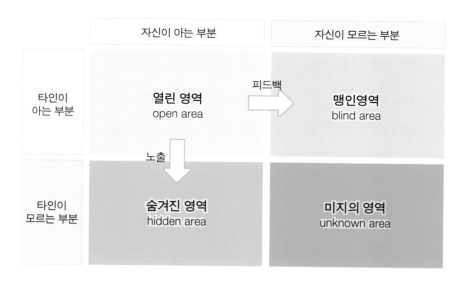

1) 열린 영역(open area)

열린 영역은 자신에 대하여 나도 알고 타인도 알고 있는 영역이다. 자신에 대한 정보가 공개적으로 알려져 있다. 나이, 성별, 키, 학력 등이 이에 속한다. 이 영역이 넓은 사람은 대인관계, 자기표현, 타인에 대한 경청, 친밀감 등이 원활하며 열린 영역이 넓을수록 인간관계가 원만하다.

2) 맹인영역(blind area)

맹인영역은 남들은 자신에 대하여 알고 있지만 자신은 모르는 영역이다. 자신에 대하여 미처 인지하지 못한 행동방식, 습관, 성격, 태도 등이 이에 속한다. 이 영역이 넓은 사람은 자신의 스타일대로 감정이나 의견을 잘 표현하는 스타일로 타인에 대한 경청에 관심을 기울일 필요가 있다.

3) 숨겨진 영역(hidden area)

숨겨진 영역은 자신은 알지만 타인은 모르는 영역이다. 타인에게 숨겨진 부분으로 자신에 대한 사소한 정보에서부터 자신의 약점, 비밀스런 부분까지 포함된다. 이는 스스로 자신에 대하여 공개하지 않기 때문에 타인이 알지 못하는 부분과 의도적으로 숨기는 부분까지 해당되며 이 영역이 넓을수록 자신에 대한 개방과 타인과의 적극적인 교류가 필요하다.

4) 미지의 영역(unknown area)

미지의 영역은 자신에 대하여 자신도 모르고 타인도 모르는 영역이다. 자신에 대하여 자신도 인지하지 못하는 부분이 많으며, 타인에게는 자신의 노출을 꺼리며 소통하지 않는 경우 이 영역에 해당될 수 있다. 혼자 있는 것을 즐기는 유형으로 타인과의 적극적인 노출과 피드백이 필요한 영역이다.

Action

K씨는 45세 과장이다. 행복기업에 다닌 지 20년 가까이 되었지만 그에 대하여 아는 이는 많지 않다. 그는 업무적인 부분에서 크게 부족한 점은 없었지만, 업무 외의 이야기는 잘 하지 않는다. 그러다 보니 그에 대한 사적인 정보를 다른 직원들이 잘 알 수 없어지면서 모임이나 사적인 대화에서 점점 소외되기 시작하였다.

- K과장은 어느 영역에 속하는가?

- K과장이 계속적으로 자신의 행동방식을 유지한다면 어떻게 될까?

- K과장의 원활한 소통을 위한 개선방안은 무엇일까?

Action

나는 어떤 영역에 속하는가?
원활한 대인관계 및 커뮤니케이션을 위하여 필요한 부분은 무엇일까?

_____

_____

_____

_____

_____

_____

내가 아는 나

타인이 아는 나

노출과 피드백

Action 아이스브레이킹

〈자기소개하기〉

1. 자신의 이름

_____

_____

2. 자신의 긍정단어 만들기
   예) 절대긍정, 비타민 등

_____

_____

3. 자신의 비밀 한 가지 소개하기

_____

_____

4. 나의 가장 행복했던 순간

_____

_____

5. 조원들에게 한마디!

_____

_____

다음은 하버드대학의 대이닐 골먼이 제작한 EQ test입니다.

1. 당신이 비행기 안에 앉아 있는데 갑자기 비행기가 심하게 흔들린다. 당신은 어떤 행동을 할 것인가?
   a. 대수롭지 않게 생각하면서 계속해서 읽고 있던 잡지난 영화를 본다.
   b. 계속해서 스튜어디스의 태도에 신경을 쓰면서 위급상황에 대처하는 카드를 읽어보고 앞으로 일어날 일에 대비한다.
   c. a와 b의 중간
   d. 모르겠다.

2. 당신은 네 살 된 아이들을 데리고 공원으로 산책을 갔다. 갑자기 한 아이가 울기 시작했는데, 그 이유는 다른 아이들이 그 아이와 함께 놀려고 하지 않기 때문이다. 이럴 때 당신은 어떻게 하겠는가?
   a. 간섭하지 않고 아이들끼리 해결하라고 둔다.
   b. 어떻게 하면 다른 아이들이 그 아이와 함께 놀아줄까 하고 우는 아이와 함께 생각해 본다.
   c. 그 아이에게 친절한 목소리로 울지 말라고 한다.
   d. 장난감을 보여주면서 우는 아이의 주의를 다른 곳으로 돌린다.

3. 당신은 대학 중간고사에서 A학점을 기대했던 과목에서 C학점을 받았다. 어떻게 할 것인가?
   a. 다음 시험에서 좋은 성적을 받기 위해 계획을 짜고 그 계획을 꼭 실천하도록 결정한다.
   b. 앞으로 더 잘하겠다고 결심한다.
   c. 자기 스스로 그 과목의 성적은 그리 중요한 게 아니라고 말한다. 그리고 성적이 잘 나온 과목을 더 집중적으로 공부한다.
   d. 담당교수를 찾아가 좀 더 좋은 성적을 받았으면 하고 부탁한다.

4. 당신이 전화로 어떤 물건을 판매하고 있다고 상상하라. 그런데 전화한 15명 모두 당신의 전화를 거절하였다. 어떻게 하겠는가?

    a. 내일 일은 잘될 것으로 기대하면서 오늘은 그만한다.

    b. 성공하지 못한 것을 자신의 판매능력과 관련지어 생각해 본다.

    c. 이후로는 다른 방식으로 전화해 보면서 계속 노력한다.

    d. 다른 일을 할까 하고 생각한다.

5. 당신은 어떤 회사의 경영자로서 지역 간의 갈등을 없애려고 노력하고 있다. 그런데 어떤 직원이 한 직원에게 그의 출신지와 관련해서 아주 기분 나쁜 농담을 했다는 말을 들었다. 어떻게 하겠는가?

    a. '단지 농담인데 뭐' 하고 무시한다.

    b. 농담한 사람을 불러 그 일에 대해 야단친다.

    c. 그 직원을 부르지는 않고, 그런 농담은 좋지 않으며 회사 내에서는 앞으로 이와 같은 일은 용납될 수 없다고 공식적으로 말한다.

    d. 직원에게 이 사건에 대해 이야기하면서 지역 차별을 극복할 수 있는 프로그램에 참여해 보는 것이 어떠냐고 물어본다.

6. 당신의 친구가 자동차를 운전하고 있는 상황이다. 위험하게 바로 앞으로 끼어드는 자동차 운전자 때문에 친구는 몹시 화가 났다. 이때 당신은 어떻게 하겠는가?

    a. 친구에게 '아무 일도 일어나지 않았잖아, 잊어버려' 하고 말한다.

    b. 그의 마음을 다른 데로 돌리기 위해 그가 좋아하는 음악 테이프를 틀어준다.

    c. 같이 욕한다.

    d. 당신도 비슷한 경험이 있었는데, 알고 보니 그 차는 응급환자를 태우고 병원으로 가는 차였다고 이야기해 준다.

7. 당신은 파트너와 언성을 높이며 말다툼을 하고 있다. 둘 다 몹시 흥분하고 화가나 본의 아니게 서로 인신공격을 하고 있다. 어떻게 하는 것이 최선의 방법일까?

    a. 20분간 쉬고 나서 그 문제에 대해서 이야기해 보자고 한다.

    b. 싸움을 그만두고 당신의 파트너가 무엇을 얘기하든 입을 다문다.

   c. 미안하다고 말하고 용서를 구한다.

   d. 싸움을 잠깐 멈추고 당신의 생각을 정리해서 가능한 한 상세히 당신의 입장을 밝힌다.

8. 직장에서 골치 아픈 문제를 창조적으로 해결하려고 만든 팀에 당신이 팀장으로 임명되었다. 가장 먼저 어떤 일을 하겠는가?

   a. 안건을 내어 각 안건에 대해 토론할 시간을 준다.

   b. 직원들이 서로를 더 잘 알 수 있도록 하기 위해 시간을 마련한다.

   c. 각 직원에게 그 문제를 해결하기 위한 참신한 아이디어를 내라고 한다.

   d. 모두가 차례대로 아이디어를 내어 그중에서 최선책을 택한다.

9. 당신의 세 살 난 아들은 태어날 때부터 굉장히 수줍음을 많이 타서 낯선 장소나 낯선 사람을 몹시 두려워한다. 어떻게 하겠는가?

   a. 아이가 수줍어하는 성격이라는 사실을 받아들이고, 되도록 아이가 불안해 하는 상황에 직면하지 않도록 한다.

   b. 도움을 받기 위해서 아동심리학자에게 데리고 간다.

   c. 아이를 의도적으로 낯선 사람들과 낯선 장소에 자주 데리고 다니면서 아이의 두려움을 극복해 주려고 노력한다.

   d. 아이가 낯선 장소나 낯선 사람과 어울리게 하기 위해, 힘들더라도 아이가 극복할 만한 경험을 많이 시킨다.

10. 당신은 어렸을 때 어떤 악기를 연주하는 것을 배웠으나 몇 해 동안 그 악기를 다룰 기회가 없었다. 지금 단지 즐기기 위해서 그 악기를 연주해 보려고 한다. 어떻게 하면 가장 효과적으로 시간을 활용할 수 있을까?

   a. 매우 엄격한 연습시간에 따라 연습한다.

   b. 현재의 당신의 능력으로는 약간 어렵지만, 습득할 수 있는 곡을 선택해서 연습한다.

   c. 그 악기를 다루고 싶은 마음이 생길 때마다 연습한다.

   d. 현재 당신의 능력으로는 불가능하지만, 상당히 노력하면 간신히 연주할 수 있는 어려운 곡을 선택하여 연습한다.

다음은 EQ test의 해답이다. 나의 점수는 몇 점인가?

점수 _____점

구분	a	b	c	d
1	20	20	20	0
2	0	20	0	0
3	20	0	0	0
4	0	0	20	0
5	0	0	20	0
6	0	5	5	20
7	20	0	0	0
8	0	20	0	0
9	0	5	0	20
10	0	20	0	0

나의 EQ는 몇 점일까요?

점수	내용	점수	내용
200	EQ 천재	75	심리치료를 받을 필요가 있음
175	감정이입 훌륭	50	정서적으로 문제가 있음
150	간디 수준	25	네안데르탈인
125	프로이트 수준	0	EQ 바보
100	평균		

출처 : 박보영(2011), SO통!!(2011), 에듀큐

《인생태도 체크리스트》

인생이란 이렇게 OK와 not OK를 반복하면서 왔다 갔다 치열한 혈투를 벌이는 결투장인지도 모른다. 내가 내 인생에서 OK라고 외칠 것인지 아니면 not OK라고 외칠 것인지는 결국 내가 인생을 보는 나의 태도에 달려 있는 것이다. 그리고 이런 나의 태도는 결국 내 주변 사람들에게 그대로 영향을 주는 것이다.

아래에 있는 48개의 문장에 대해 그렇다고 생각되면 2점, 그렇지 않다고 생각되면 0점, 어느 쪽도 아니라고 생각되면 1점을 체크해 마크(♥♠◆♧)별로 집계한다. 하트(♥)와 스페이드(♠)는 자신에 대해, 다이아몬드(◆)와 클로버(♧)는 타인에 대한 긍정, 부정의 자세를 나타낸다.

〈나 자신에 대해〉

1. 나는 하루하루를 충실하게 살아가고 있다(♥)
2. 나는 마음이 여려서 상처받기 쉬운 편이다(♠)
3. 나는 스스로 능력이 없다고 느낄 때가 많다(♠)
4. 나는 실패를 두려워하지 않는 편이다(♥)
5. 나는 나를 좋아한다(♥)
6. '무엇 때문에 이런 일을 하고 있는 것인가?'라고 생각하는 일이 있다(♠)
7. 내가 하고 싶은 일이라도 상대가 싫어할 것 같으면 그만둔다(♠)
8. 나는 말과 행동에 자신감이 부족하다(♠)
9. 나에게는 아직 드러나지 않은 재능이 잠재해 있다고 생각한다(♥)
10. 상대가 나를 비난하면 나는 아무런 대꾸도 하지 않는다(♠)
11. 나는 좋아하는 사람에게는 스스로 다가간다(♥)
12. 대부분의 일에 대해 '하면 된다'라고 생각한다(♥)

13. 나는 남들이 나를 좋아한다고 생각한다(♥)

14. 나는 하기 싫은 일이라도 해야 할 필요가 있다고 생각되면 곧 기분을 전환해서 할 수 있다(♥)

15. 나는 앞으로 하고 싶은 일과 포부가 있다(♥)

16. 나는 일을 하려고 들면 어쩔 수 없이 욕은 먹게 마련이라고 생각한다(♥)

17. 나는 나의 속마음을 내보이기가 두렵다(♤)

18. 내가 먼저 남들에게 접근해 가는 일은 드물다(♤)

19. 자신의 사고방식에 대해 만족하고 있다(♥)

20. 상대가 화제로 삼고 싶지 않은 일은 잘 이야기하지 않는다(♤)

21. 무엇을 하든 "잘되지 않는다"는 생각이 든다(♤)

22. 남들과 비교해보면 나는 부족한 점이 많다(♤)

23. 나는 누구에게도 할 말은 다 하는 편이다(♥)

24. 내가 친절하게 대하면 상대가 부담스러워하지 않을까 염려한다(♤)

점 수 계; ♥(I'm OK) =(점), ♤(I'm not OK) =(점)

〈다른 사람에 대해〉

1. 이 사람이 있어서 좋았다고 생각하는 일이 많다(◆)

2. 다른 사람들과 함께 일을 하면 잘 안 되는 경우가 많다(♤)

3. 내 취향에 맞지 않는 사람들과는 어울리고 싶지 않다(♤)

4. 다른 사람이 하는 이런저런 이야기를 듣는 것을 좋아한다(◆)

5. 상대가 친절하게 대해주는 것이 부담스럽게 느껴질 때가 많다(♤)

6. 내가 일부러 찾지 않더라도 상대의 장점을 감지할 수 있다(◆)

7. 남이 실패하거나 궤도이탈을 하더라도 그의 능력과 됨됨이를 믿는다(◆)

8. 사고방식이 다른 사람과도 잘 어울린다(◆)

9. "연애란 이런 거다"라고 딱 잘라 말하는 경향이 있다(♣)

10. 나는 남의 단점을 잘 꼬집는 편이다(♣)

11. 상대와 싸움을 하더라도 해결의 실마리를 스스로 만들어내는 편이다(◆)

12. 귀찮은 일에는 가능한 한 관여하고 싶지 않다(♣)

13. 상대가 먼저 나에게 접근해 온다면 좋겠다(◆)

14. 즐거워하는 사람을 보고 있으면 나까지 즐거워진다(◆)

15. 다른 사람들을 보면 사람을 믿어서는 안 된다는 말이 실감이 난다(♣)

16. "나라면 저렇게 하지는 않을 것인데…"라고 생각하는 경우가 많다(♣)

17. 문제가 생기면 다른 사람의 탓으로 돌리는 경우가 많다(♣)

18. 남의 말을 듣고 마음속에서 호감이 우러나오는 것을 자주 느낀다(◆)

19. 업무 이외의 개인적인 이야기는 거의 안 하는 편이다(♣)

20. 상대의 무신경함에 화를 내는 일이 있다(♣)

21. 상대가 잘못하는 점이 있더라도 언젠가는 좋아질 것이라고 믿는다(◆)

22. 상대가 마음에 들지 않고 "왜 저 모양인가"라고 생각할 때가 있다(♣)

23. "당신과 있으면 안심"이라는 말을 상대에게 자주 듣는다(◆)

24. 상대가 하는 말을 그대로 믿는 편이다(◆)

점 수 계; ◆(You're OK) = (점), ♣(You're not OK) = (점)

〈인생태도 분석표〉

I'm not OK —————————————— I'm OK
24   12   12   24

You're not OK —————————————— You're OK
24   12   12   24

〈나의 인생태도의 유형〉

[제1태도] 자기부정 – 타인긍정(I'm not OK, You're OK)

성장 초기에 취하는 태도로 다른 사람과 비교하여 무력감을 느낀다. 다른 사람으로부터 멀어지려 하며, 강한 사람에게만 의지한다. "나의 인생은 그렇게 가치 있지 못하다. 네 것과 비교할 만한 가치 있는 어떤 것도 없다"는 자책과 회피적인 태도가 깔려 있다.

[제2태도] 자기부정 – 타인부정(I'm not OK, You're not OK)

사회생활에서 연속적 실패 경험 시에 나타나는 태도로, 인생이 무가치하고 아무것도 좋은 일이 없다는 절망감과 허무감에 빠진 상태이며, 타인으로부터의 애정이나 관심을 거부하고, 대인관계도 단절된다. 심하면 우울하고 예측할 수 없는 행동을 하게 된다. "인생은 아무런 가치가 없는 것이다. 쓸 만한 것은 아무것도 없다" 불신과 포기의 감정이 저변에 깔려 있다.

[제3태도] 자기긍정 – 타인부정(I'm OK, You're not OK)

자기 자신이 희생되고 박해받는다는 느낌으로 생성된다. 자기 감정에 맞지 않는 것을 배제하며, 자신감이 지나쳐 마찰의 우려가 있다. 불행의 원인을 남의 탓으로 돌린다. "너의 인생은 그렇게 가치 있지 못하다. 자신의 길로부터 벗어나라."

[제4태도] 자기긍정 – 타인 긍정(I'm OK, You're OK)

모든 사람의 중요성을 현실적으로 수용한다. 자신의 문제를 건설적으로 해결하려 하며, 삶에 대한 기대도 타당하다. 정신적으로 건강한 상태. "인생은 살아갈 가치가 있는 것이다. 잘해보자" 협력과 공조의 태도를 보인다.

출처 : 고선미, 김정아, 류병진(2017), NCS 의사소통 액션북

Memo

경청능력

Chapter

03

경청능력

"의사소통에서 제일 중요한 것은
상대방이 말하지 않는 소리를 듣는 것이다."

— 피터드러커 —

CHAPTER 03

경청능력

경청능력은 직업생활에서 상당히 중요하다. 자신의 경청 정도가 어느 정도인지 점검해 보고, 올바른 경청을 위하여 자신에게 필요한 능력에는 무엇이 있을지 생각해 보자.

내 용	전혀	가끔	거의	항상
1. 나는 화자를 방해하지 않고 자신의 생각을 표현하도록 한다.	1	2	3	4
2. 나는 상대방이 말하는 모든 것을 듣기를 원한다.	1	2	3	4
3. 나는 중요한 사실을 기억하는 능력을 가지고 있다.	1	2	3	4
4. 나는 상대방의 얼굴을 바라보며 들어준다.	1	2	3	4
5. 나는 메시지의 가장 중요한 세부사항을 기록한다.	1	2	3	4
6. 나는 비록 따분하기는 하지만 화자의 말을 듣는다.	1	2	3	4
7. 나는 듣고 있을 때는 주위의 산만한 분위기를 무시한다.	1	2	3	4
8. 나는 화자의 말을 진심으로 듣고 있음을 표현한다.	1	2	3	4
9. 나는 다른 사람의 말에 동의하지 않더라도 들어준다.	1	2	3	4
10. 나는 화자의 다음 말을 예측하면서 공상을 피한다.	1	2	3	4

출처 : 한국산업인력공단 매뉴얼

① 30~40점 : 상대방의 말을 효과적으로 듣는 사람이다.

② 20~29점 : 좋은 청취자이기는 하지만 앞으로 더 개선해야 한다.

③ 10~19점 : 도움이 필요하다. 경청기술을 개발하기 위한 기법을 적극적으로 학습해야 한다.

1. 경청의 개념

우리는 상대방의 이야기를 들으며 경청하고 있다고 하지만 실제적으로 상대방의 이야기를 잘 경청하고 있는지 확인해야 한다. 대체로 남이 하는 이야기를 건성으로 듣거나 대강 듣거나 적당히 듣고 있는 경우가 대다수다. 상대방이 이야기할 때 집중하여 정확히 듣고 철저히 들어야 한다. 그리고 상대방의 입장에서 들을 수 있어야 한다. 그래서 말하고자 하는 정보, 지식과 상식, 의견을 들을 뿐만 아니라 상대방의 감정과 느낌도 함께 공감하며 이해할 수 있어야 한다.

이와 같이 경청이란 다른 사람의 말을 주의 깊게 들으며 공감하는 능력이다. 상대의 말을 듣기만 하는 것이 아니라, 상대방이 전달하고자 하는 말의 내용은 물론이며, 그 내면에 깔려 있는 동기나 정서에 귀를 기울여 듣고 이해된 바를 상대방에게 피드백하여 주는 것을 말한다.

'들을' 청(聽)의 한자에서도 경청의 개념이 잘 나타나 있다. "처음부터(一) 끝까지(十) 마음(心)의 문을 열고 눈(目)을 마주보고, 무엇보다 귀(耳)를 크게 열어놓고 소통할 때 가장 큰 효과(王)가 있다."는 뜻을 담고 있다.

경청은 대화의 과정에서 당신에 대한 신뢰를 쌓을 수 있는 최고의 방법이다. 우리가 경청하면 상대는 본능적으로 안도감을 느끼고, 경청하는 우리에게 무의식적인 믿음을 갖게 된다. 그리고 우리가 말을 할 경우, 자신도 모르게 더 집중하게 된다. 이런 심리적 효과로 인해 우리의 말과 메시지, 감정은 아주 효과적으로 상대에게 전달된다. 우리가 경청하는 만큼, 상대방은 우리의 말을 경청할 수밖에 없는 것이다. 자기 말을 경청해 주는 사람을 싫어하는 사람은 세상에 존재하지 않는다.

2. 경청의 중요성

대다수의 사람들은 말하고, 읽고, 쓰는 것보다 듣는 데 더 많은 시간을 보내고 있다. 하루 24시간 가운데 45%는 듣는 것에, 30%는 말하는 것에, 16%는 읽는 것에, 9%는 쓰는 것에 사용한다. 또한 대다수의 사람들은 20~25%의 효율성을 가지고 들으며 듣는 내용의 50%는 즉시 잊혀진다.

직장에서 겪게 되는 실패와 의견 충돌 및 갈등의 가장 큰 원인 중 하나는 서로가 귀기울여 듣지 않는다는 경청의 문제로부터 발생한다. 우리는 상대방과 대화하기보다는 일방적으로 상대방에게 자신의 말을 전하거나, 자신의 입장에서 상대방의 말을 해석해 버리기 때문이다. 직장의 회의, 상사와 직장동료와의 대화, 친구와의 대화, 그리고 수업

시간 등 경청의 많은 시간들이 주어져 있지만 그 효과는 어떻게 경청하느냐에 따라 그 효율성은 사람마다 달라지게 되며 사람과의 관계에도 영향을 미치게 된다.

경청을 함으로써 상대방에 대한 긍정적인 마음과 관계가 이루어지게 되는데 경청의 효과에 대하여 한국산업인력공단의 매뉴얼에는 다음과 같이 정리하였다.

1) 상대방을 한 개인으로 존중하게 된다

이는 상대방을 인간적으로 존중함은 물론 그의 감정, 사고, 행동을 평가하거나 비판 또는 판단하지 않고 있는 그대로 받아들이는 태도이다.

2) 상대방을 성실한 마음으로 대하게 된다

이는 상대방과의 관계에서 느낀 감정과 생각 등을 긍정적이든 부정적이든 솔직하고 성실하게 표현하는 태도를 말한다. 이러한 감정의 표현은 상대방과의 솔직한 의사 및 감정의 교류를 가능하도록 도와주기 때문이다.

3) 상대방의 입장에 공감하며 이해하게 된다

이는 자신의 생각이나 느낌, 가치, 도덕관 등의 선입견이나 편견을 가지고 상대방을 이해하려 하지 않고, 상대방으로 하여금 자신이 이해받고 있다는 느낌을 갖도록 하는 것이다.

성공한 많은 사람들이 경청의 중요성에 대하여 강조하고 있다.

스티븐 코비의 『성공하는 사람의 7가지 습관』과 『성공하는 사람의 8번째 습관』

"성공하는 사람과 그렇지 못한 사람의 대화 습관에는 뚜렷한 차이가 있다. 그 차이점이 무엇인지 단 하나만 꼽으라고 한다면, 나는 주저 없이 '경청하는 습관'을 들 것이다. 우리는 지금껏 말하기, 읽기, 쓰기에만 골몰해 왔다. 하지만 정작 우리의 감성을 지배하는 것은 '귀'다. 경청이 얼마나 주요한 능력인지, 그리고 우리가 어떻게 경청의 힘을 획득할 수 있는지 알아야 한다."

피터 드러커

"내가 만일 경청의 습관을 갖지 못했다면, 나는 그 누구도 설득하지 못했을 것이다."

톰 피터스의 『초우량기업의 조건』과 『미래를 경영하라』

"20세기가 말하는 자의 시대였다면, 21세기는 경청하는 리더의 시대가 될 것이다. 경청의 힘은 신비롭기까지 하다. 말하지 않아도, 아니 말하는 것보다 더 매혹적으로 사람의 마음을 사로잡기 때문이다."

스콧 맥닐리, 선마이크로시스템의 창업자이자 CEO

"선마이크로시스템에서 주는 월급의 40퍼센트는 경청의 대가이다."

조엘 막스, 코비전 미디어 부회장

"커뮤니케이션을 지배하는 진정한 힘은 입이 아니라 귀에서 나온다. 이제 리더라면 누구나 자신의 책상 앞에 이런 문구를 붙여야 할 것이다. '경청하라!'"

■ **사오정의 면접상황** 한국산업인력공단 매뉴얼 참조

사업에 실패한 후 다시 백수가 된 사오정은 생존을 위해 미스터 손과 함께 면접시험을 보러 갔다.

> 면접관 : "자네는 우리나라 축구 선수 중에서 누가 가장 뛰어나다고 생각하는가?"
> 미스터 손 : "네! 예전에는 차범근이었는데 지금은 박지성 선수입니다."
> 면접관 : "이순신 장군은 어느 시대 사람인가?"
> 미스터 손 : "조선시대입니다."
> 면접관 : "자네는 이 세상에 유에프오가 있다고 생각하는가?
> 미스터 손 : "많은 사람들은 그렇다고 하는데, 저는 확실한 근거가 없어서 단정적으로 말할 수
> 없습니다."

친절하게도 미스터 손은 면접을 마치고 나온 후 자기가 대답한 것을 적어서 사오정에게 주었고, 사오정은 그것을 달달 외웠다.

> 면접관 : "자네 이름은 뭔가?"
> 사오정 : "네! 예전엔 차범근이었는데, 지금은 박지성입니다."
> 면접관 : "음, 자네는 언제 태어났나?"
> 사오정 : "조선시대입니다."
> 면접관 : "으음~~ 자네는 자신이 바보라고 생각하지 않나?"
> 사오정 : "남들은 그렇다고 하는데, 저는 확실한 근거가 없어서 단정적으로 말할 수 없습니다."

출처 : 윤치영(2007), 설득 · 경청 논박의 기술, 일빛

■ 경청 시 유의할 점

　사오정이 면접에 실패하게 된 상황은 다양한 요인이 있겠지만, 대부분의 경우 어려운 이야기는 흘려듣는 경향이 있거나, 반쯤 듣고 지레 짐작하는 경향이 있거나, 이야기하는 사람의 외모에 한눈 파는 경향이 있거나, 잡음에 신경 쓰는 경향이 있기 때문에, 경청에 소홀해지곤 한다. 이러한 습관을 고치기 위해서는 어떻게 해야 하는지 생각해 보도록 한다.

1. 어려운 이야기는 흘려듣는 경향이 있다

　어려운 이야기를 흘려듣는 습관에는 계획을 세워 정기적으로 어려운 이야기를 듣고 훈련하는 방법 외에 다른 치료법은 없다. 방송 토론회, 패널 토의, 강의, 강연 등과 같은 괴로움을 동반하는 이야기를 듣는 것이 효과적이다.

2. 반쯤 듣고 지레 짐작하는 경향이 있다

　이야기 도중에 재미 없다고 지레짐작하는 나쁜 버릇을 고치려면 계획적으로 여러 가지 이야기를 듣는 것이 가장 좋다. 이기적일지 모르나 아무리 형편없는 인간이라도 무엇인가 참고되는 생각을 가지고 있기 때문에 무엇인지 모를 것을 얻으려고 이야기 듣는 것도 한 가지 방법이다. 재미 없는 것은 없다. 재미를 느끼지 못하는 사람이 있을 뿐이다.

3. 이야기하는 사람의 외모에 한눈파는 경향이 있다

　용모와 자태가 이야기 내용과 무관하다고 주장하는 것은 아니다. 오히려 양자는 밀접한 관계가 있다. 다만 용모와 자태를 가지고 이야기를 듣지 않겠다는 구실로 내세우지 말자는 것뿐이다. 용모보다 몇 배 중요한 것은 이야기 내용인 것이다.

4. 잡음에 신경 쓰는 경향이 있다

　소음 처리가 어렵고 화자에게 사정을 말할 수도 없다면 청자는 스스로 잡음을 물리친 채 전신경을 이야기에 집중할 밖에 다른 묘수가 없다. 이때야말로 정신력 집중을 위한 모든 방법을 써볼 일이다.

3. 경청을 방해하는 요인

올바른 경청을 하는 데 있어서 방해를 하는 10가지 나쁜 습관을 제시하고자 한다. 이는 한국산업인력공단에서 제시한 내용을 참조하였다.

1) 짐작하기

상대방의 말을 듣고 받아들이기보다 자신의 생각에 들어맞는 단서들을 찾아 자신의 생각을 확인하는 것을 말한다. 짐작하고 넘겨짚으려 하는 사람들은 상대방의 목소리 톤이나 얼굴 표정, 자세 등을 지나치게 중요하게 생각한다. 이들은 상대방이 하는 말의 내용은 무시하고 자신의 생각이 옳다는 것만 확인하려 한다.

> 동료 : "오늘 컨디션 좋아 보이는데?"
> 나 : "뭐야? 그럼, 평소에 컨디션이 안 좋아보였단 말이야?
>   평소에 내가 어떻게 보였다는 거지?"
>
> ⇒ 직장동료의 표정이나 말투 등을 주관적으로 짐작하며 부정적으로 해석

> • 평소에 말을 친근하게 걸어왔던 동료, 오늘 나에게 거는 말투가 평소와 다르다.
>
> ⇒ '나에 대하여 부정적인 감정을 가지고 있구나?'
> 라고 지레짐작하면서 동료와의 대화가 어려워지기 시작

내가 평소에 짐작하여 듣는 의사소통은 어떤 경우인가?

2) 대답할 말 준비하기

처음에는 상대방의 말을 듣지만, 곧 자신이 다음에 할 말을 생각하기에 바빠서 상대방이 말하는 것을 잘 듣지 않는 것을 말한다. 결국 자기 생각에 빠져서 상대방의 말에 제대로 반응할 수가 없다.

3) 걸러내기

상대의 말을 듣기는 하지만 상대방의 메시지를 온전하게 듣는 것이 아닌 경우이다. 상대방이 분노나 슬픔, 불안에 대해 말하는 것을 들어도 그러한 감정을 인정하고 싶지 않다거나 회피하고 싶다거나 무시하고 싶을 때 자기도 모르는 사이에 상대방이 아무 문제도 없다고 생각해 버린다. 걸러내기는 듣고 싶지 않은 것들을 막아버리는 것을 말한다.

4) 판단하기

상대방에 대한 부정적인 판단 때문에, 또는 상대방을 비판하기 위해 상대방의 말을 듣지 않는 것을 말한다. 당신이 상대방을 어리석다거나 고집이 세다거나 이기적이라고 생각한다면, 당신은 경청하기를 그만두어야 할 것이다. 듣는다고 해도 상대방이 이렇다는 증거를 찾기 위해서만 귀를 기울일 것이기 때문이다.

Action

친구 K는 수업에 가끔씩 지각하는 친구다. 오늘은 K와 함께 조원들이 모여서 조별 과제를 하기로 한 날이다. 다른 친구들은 모두 도착했는데, K가 15분 늦게 도착하였다. 그리고 늦게 온 이유에 대하여 말하고 있다. 그 이유인즉, 지하철이 지연되었다는 것인데, 굉장히 상세하게 말하고 있다. 당신은 어떤 반응을 보이겠는가?

내가 부정적으로 판단, 비판했던 사례가 있는가?

----

5) 다른 생각하기

상대방에게 관심을 기울이는 것이 점차 더 힘들어지고 상대방이 말을 할 때 자꾸 다른 생각을 하게 된다면, 이는 현실이 불만족스러워 이러한 상황을 회피하고 있다는 위험한 신호이다.

예를 들어 남편은 최근 아내가 수강하는 취미클럽 활동에 대해 말할 때마다 다른 생각을 했다. 사실 그는 아내가 취미활동을 하는 것에 대해 못마땅하게 생각하고 있었기 때문에 부인이 신나서 이야기할 때마다 다른 생각을 하면서 자신의 감정을 드러내지 않았던 것이다. 그러나 이렇게 표현하지 못하는 부정적인 감정은 밑바닥에 깔려 있으면서 무의식 중에 상대방에게 표출되게 된다. 상대방은 이로 인하여 오해받고 공격받는다는 느낌을 갖게 된다.

6) 조언하기

어떤 사람들은 지나치게 다른 사람의 문제를 본인이 해결해 주고자 한다. 하지만 말 끝마다 조언하려고 끼어들면 상대방은 더욱더 낙담하게 된다. 조언하는 것은 상대방을 위하여 올바른 해결책을 제시해 주고자 하는 마음이지만, 이는 다른 한편으로 상대방을 고쳐주고 싶은 욕구이기도 하다. 이야기하는 사람은 단지 상대방이 자신의 이야기를 들어주기만 해도 큰 위안이 될 수 있다. 조언을 달라고 요청하지 않는 이상 조언을 삼갈 필요가 있다.

친구 : ㅇㅇ과장은 정말 함께 일하기가 너무 힘들에! 언제나 말투가 야단치는 말투에 칭찬이라고는 들어본 적이 없어!

나 : "너는 윗사람 다루는 기술이 필요해! 너의 성격에도 문제가 있어. 너 자신을 개조하기 위해 성격 개선 프로그램을 신청해서 참여해 봐."

⇒ 친구가 직장에 대한 좌절과 낙담을 털어놓자
위의 대화와 같이 지체없이 퍼붓게 되면 친구가 진실로 원했던 것 즉 서로 공감하고 위로받고자 했던 욕구가 좌절된다. 이러한 대화가 매번 반복된다면 상대방은 무시당하고 이해받지 못한다고 느끼게 되어 마음의 문을 닫아버리게 된다.

나의 문제나 고민을 공감받고자 친구에게 털어놓았는데 공감받지 못했던 사례가 있나요?
또는 친구의 고민의 말에 공감해 주지 못하고 조언으로 대신했던 사례는 무엇인가요?

_____

_____

_____

_____

_____

7) 언쟁하기

단지 반대하고 논쟁하기 위해서만 상대방의 말에 귀를 기울이는 것이다. 상대방이 무슨 말을 하든 자신의 입장을 확고히 한 채 방어한다. 언쟁은 문제가 있는 관계의 전형적인 의사소통 패턴이다. 이런 관계에서는 상대방의 생각을 전혀 들을 생각이 없기 때문에 어떤 이야기를 해도 듣지 않게 된다. 상대방이 무슨 주제를 꺼내든지 설명하는 것을 무시하고 상대방의 생각과는 다른 자신의 생각을 장황하게 자기 논리대로 늘어놓는다. 지나치게 논쟁적인 사람은 상대방의 말을 경청할 수 없다.

8) 옳아야만 하기

자존심이 강한 사람은 자존심에 관한 것을 전부 막아버리려 하기 때문에 자신의 부족한 점에 대한 상대방의 말을 들을 수 없게 된다. 당신은 자신이 잘못했다는 말을 받아들이지 않기 위해 거짓말을 하고, 고함을 지르고, 주제를 바꾸고, 변명을 하게 된다.

9) 슬쩍 넘어가기

대화가 너무 사적이거나 위협적이면 주제를 바꾸거나 농담으로 넘기려 한다. 문제를 회피하려 하거나 상대방의 부정적인 감정을 회피하기 위해서 유머를 사용하거나 핀트를 잘못 맞추게 되면 상대방의 진정한 고민을 놓치게 된다.

10) 비위 맞추기

상대방을 위로하기 위해서 혹은 비위를 맞추기 위해서 너무 빨리 동의하는 것을 말한다. 그 의도는 좋지만 상대방이 걱정이나 불안을 말하자마자 "그래요, 당신 말이 맞아", "미안해, 앞으로는 안 할 거야"라고 말하면 지지하고 동의하는 데 너무 치중함으로써 상대방에게 자신의 생각이나 감정을 충분히 표현할 시간을 주지 못하게 된다.

불친절한 말투에 고객의 말 자르기까지?

일단 앵무새처럼 미안하다고 반복한다? 전화 상담원이 할 수 있는 말은 그리 많지 않다. 불만을 처리할 때에는 상담원이 처리할 수 있는 부분에 명확한 한계가 있기 때문이다. 할 말이 없다고 해서 미안하다는 말만 계속하는 것은 고객에게 더욱 무책임하게 들린다.

고객의 말을 자르는 것은 절대 금물이다. 고객의 문제를 파악했다고 해서 중간에 말을 잘라서는 안 된다. 특히 말을 자르고 앞질러 해결책을 제시했는데, 엉뚱한 방안일 수가 있다. 예를 들어, 단순 문의를 하려고 전화한 고객에게 '불만 있으면 처리해 주겠다'는 식으로 응대해서 일을 그르치는 사례가 종종 발생한다.

이 상황에서는 '공감적 경청'이 가장 중요하다. "아, 그러셨군요, 불편하셨겠네요." 식으로 고객의 감정에 동의하는 말 등을 가끔씩 덧붙여주어야 전화하는 고객이 안심할 수 있다는 것이다. 또 불만사항은 미안하다고 한 후에, 정책에 반영하여 시정할 수 있도록 하겠다는 식의 처방을 제시하는 것이 좋다. 보이지 않는 고객에게도 최대한 호응하는 태도를 보이고, 말로만이 아니라 그 의견을 진심으로 반영하겠다는 신뢰를 보여주는 것이 무엇보다 중요하다.

출처 : http://blog.naver.com/eob 2007.8.27

Action

"불친절한 말투에 고객의 말을 자르기까지"의 사례에서 볼 수 있듯이 대화를 할 때 상대방의 태도나 반응이 의사소통의 만족과 관련이 있다. 대화를 할 때 나의 의견에 대해 상대방이 다음과 같은 반응을 보일 때 어떠한 느낌이 드는지 작성해 보자.

상황	예	느낌 작성
• 상대방의 흠을 잡는 단어를 쓴다.	"순전히 노력 부족이야, 어린애 같은 유치한 행동이야, 전혀 도움이 되지 않아, 도대체가 생각이 없어, 머리를 써라, 도대체 제대로 하는 게 없어" 등	

• 상대방의 행동 자체가 아니라 인간성에 초점을 맞춘다.	"어리석다, 미쳤다, 이기적이다, 게으르다, 쓸모 없다, 너는 구제불능이야, 돌대가리, 병신, 바보, 멍청이" 등	
• 비난하고 판단하는 식으로 말한다.	"당신은 꼭 늦게 들어와 저녁시간을 망치는군요."	
• 과거의 일을 들춘다.	"예전에 그때도 지금처럼 너 혼자만을 생각했잖아. 항상 그래."	
• 부정적인 비교를 한다.	"너는 누구를 닮았니? 피는 못 속여" 등	
• 위협을 한다.	"당신이 잘못했으니까 내가 당신을 처벌할 거야."	

4. 적극적 경청

1) 적극적 경청의 필요성

경청에는 '듣다, 관찰하다, 초점을 맞추다, 집중하다, 주의하다, 귀를 기울이다'와 같은 단어들이 포함된다. 즉 경청을 잘한다는 것은 '귀를 기울이다'의 의미로서 관심을 가지고 상대방의 말을 듣는 것이고, 상대방의 생각과 감정을 상대방의 입장에 서서 이해하는 것을 말한다.

하지만 일반적으로 많은 사람들은 경청을 하는 데 있어 올바르지 못한 여러 모습을 발견하게 된다. 때로는 자신이 듣고 싶은 말만 듣는 경우도 있으며, 때로는 딴생각을 하며 듣는 경우도 있다. 또한, 자신이 하고 싶은 말을 하기 위해 준비하며 듣기도 한다. 이렇듯 상대방 입장에서의 생각과 감정을 이해하면서 듣는 것은 쉽지 않다.

적극적 경청은 비즈니스에서 일반적인 경청의 모습으로 상대방이 무엇을 말하는지 관심을 가지며 집중하여 경청하는 것이다. 하지만 이는 상대방을 공격하기 위하여 또는 방어하기 위한 경우가 많으므로 경청 시 상대방에 대한 생각과 감정을 이해할 수 있는 공감이 더욱 필요하다.

상대방에 대한 공감의 경청은 상대방의 심정과 감정, 태도를 전달받는 것이 가능하고, 그 과정에서 자신의 생각과 느낌도 상대방이 이해하려고 노력하게 된다. 적극적 경청의 태도에는 상대가 무엇을 느끼고 있는가를 상대의 입장에서 받아들이는 공감적 이해가 중요하고, 자신이 가지고 있는 고정관념을 버리고 상대의 태도를 받아들이는 수용의 정신, 자신의 감정을 솔직하게 전하고 상대를 속이지 않는 성실한 태도가 필수적이다.

2) 적극적 경청을 위한 자세

적극적 경청은 커뮤니케이션의 기본적인 태도이므로 관리·감독자를 대상으로 대인능력 향상 프로그램으로 채택되는 경우가 많다. 적극적 경청을 위해서는 다음의 자세를 가질 필요가 있다.

① 비판적·충고적인 태도를 버린다.
② 상대방이 말하고 있는 의미 전체를 이해한다.
③ 단어 이외의 표현에도 신경을 쓴다.
④ 상대방이 말하고 있는 것에 반응한다.
⑤ 감정을 흥분시키지 않는 것 등이 중요하다.

3) 적극적 경청을 위해 필요한 것

다음은 한국산업인력공단에서 제시한 적극적인 경청자가 되기 위한 방법이다.

① 준비한다

수업시간이나 강연에 참가하면 수업계획서나 강의계획서를 나누어준다. 이때 올바른 경청을 하려면 강의의 주제나 강의에 등장하는 용어에 친숙하도록 하기 위해 미리 읽어 두어야 한다.

② 주의를 집중한다

말하는 사람의 모든 것에 집중해서 적극적으로 들어야 한다. 말하는 사람의 속도와 말을 이해하는 속도 사이에서 발생하는 간격을 메우는 방법을 학습해야 한다.

③ 예측한다

대화를 하는 동안 시간 간격이 있으면, 다음에 무엇을 말할 것인가를 추측하려고 노력한다. 이러한 추측은 주의를 집중하여 듣는 데 도움이 된다.

④ 나와 관련짓는다

상대방이 전달하려는 메시지가 무엇인가를 생각해 보고 자신의 삶, 목적, 경험과 관련시켜 본다. 자신의 관심이라는 측면에서 메시지를 이해하면 주의를 집중하는 데 도움이 될 것이다.

⑤ 질문한다

질문에 대한 답이 즉각적으로 이루어질 수 없다고 하더라도 질문을 하려고 하면 경청하는 데 적극적이 되고 집중력이 높아진다.

⑥ 요약한다

대화 도중에 주기적으로 대화의 내용을 요약하면 상대방이 전달하려는 메시지를 이해하고, 사상과 정보를 예측하는 데 도움이 된다.

⑦ 반응한다

피드백은 상대방이 말한 것에 대해 당신이 이야기하고, 질문을 던져 이해를 명료화하고 난 다음에 하는 것이다. 피드백은 상대방에 대한 당신의 지각이 옳았는지 확인할 수 있는 기회로서 오해가 있었다면 고칠 수 있도록 해준다. 또한 당신이 하는 피드백은 상대방에게 자신이 정확하게 의사소통을 하였는가에 대한 정보를 제공할 뿐만 아니라, 상대방이 당신의 관점을 받아들일 수 있도록 해준다.

4) 적극적 경청을 위한 세 가지 규칙

반응을 하는 데는 세 가지 규칙이 있는데, 피드백의 효과를 극대화시키려면 즉각적이고, 정직하고, 지지하는 자세여야 한다는 것이다.

① 즉각적

즉각적이라 함은 시간을 낭비하지 않는 것이다. 다시 말하기를 통해 상대방의 말을 이해했다고 생각하자마자 명료화하고, 바로 당신의 피드백을 주는 것이 좋다. 시간이 갈수록 영향력은 줄어든다.

② 정직함

정직함은 당신이 느끼는 진정한 반응뿐만 아니라, 조정하고자 하는 마음, 또는 보이고 싶지 않은 부정적인 느낌까지 보여주어야 함을 의미한다. 예를 들어 당신이 상대방에게 잘못했다고 생각하고 위협을 느낀다면 이러한 것까지 솔직하게 피드백을 할 수 있어야 한다.

③ 지지함

지지함은 당신이 정직하다고 해서 잔인해서는 안 된다는 것이다. 부정적인 의견을 표현할 때도 상대방의 자존심을 상하게 하거나 약점을 이용하거나 위협적인 표현방법을 택하는 대신에 부드럽게 표현하는 방법을 발견할 필요가 있다. 이러한 쌍방적 의사소통은 말하는 사람에게 중요한 피드백이 되고, 듣는 사람 역시 좋은 듣기 기술을 연습하는데 도움이 된다.

의사소통 시 즉각적, 정직함, 지지함에 대한 자신의 모습을 살펴보자. 그리고 자신이 생각하기에 부족했던 경험과 잘 실천했던 사례에 대해 적어보고 조원들과 공유해 보자.

Action 적극적 경청을 위한 향상방안

	자기 평가(점수)	긍정 / 부정 사례 및 향상 방안
즉각적		
정직함		
지지함		

경청의 올바른 자세

• 상대를 정면으로 마주하는 자세는 그와 함께 의논할 준비가 되었음을 알리는 자세이다.

• 손이나 다리를 꼬지 않는 소위 개방적 자세를 취하는 것은 상대에게 마음을 열어 놓고 있다는 표시이다.

• 상대방을 향하여 상체를 기울여 다가앉은 자세는 자신이 열심히 듣고 있다는 사실을 강조하는 것이다.

• 우호적인 눈의 접촉을 통해 자신이 관심을 가지고 있다는 사실을 알리게 된다.

• 비교적 편안한 자세를 취하는 것은 전문가다운 자신만만함과 아울러 편안한 마음을 상대방에게 전하는 것이다.

■ 북 리뷰 『경청—마음을 얻는 지혜』

경·청·운·동
경청을 실천하기 위한 다섯 가지 행동 가이드

1. 공감을 준비하자

대화를 시작할 때는 먼저 나의 마음속에 있는 판단과 선입견, 충고하고 싶은 생각들을 모두 다 비워내자. 그냥 들어주자. 사운드박스가 텅 비어 있듯, 텅 빈 마음을 준비하여 상대방과 나 사이에 아름다운 공명이 생기도록 준비하자.

2. 상대를 인정하자

상대방의 말과 행동에 잘 집중하여 상대방이 얼마나 소중한 존재인지를 인정한다. 상대를 완전한 인격체로 인정해야 진정한 마음의 소리가 들린다. 자녀든 부하 직원이든 상사든 한 인격체로 상대방을 인정하고 대화를 시작하자.

3. 말하기를 절제하자

말을 배우는 데는 2년 걸리지만, 침묵을 배우는 데는 60년이 걸린다고 한다. 누구나 듣기보다 말하기를 좋아하는 이유는 상대를 이해하기 전에 내가 먼저 이해받고 싶은 욕구가 앞서기 때문이다. 이해 받으려면 내가 먼저 상대에게 귀 기울여야 한다. 먼저 이해하고 다음에 이해받으라. 말하기를 절제하고, 먼저 상대에게 귀 기울여주자.

4. 겸손하게 이해하자

겸손하면 들을 수 있고, 교만하면 들을 수 없다. 상대가 내 생각과 다른 말을 해도 들어줄 줄 아는 자세가 가장 중요하다. 경청의 대가는 상대의 감정에 겸손하게 공감하며 듣는 사람이다. 사람들이 원하는 것은 자기 말을 진정으로 들어주고 자기를 존중해 주며 이해해 주는 것이다. 항상 겸손한 자세로 상대를 이해하자.

5. 온몸으로 응답하자

경청은 귀로만 하는 것이 아니다. 눈으로도 하고, 입으로도 하고, 손으로도 하는 것이다. 상대의 말에 귀 기울이고 있음을 계속 표현하라. 몸짓과 눈빛으로 반응을 보이라. 상대에게 진정으로 귀 기울이고 있다는 신호를 온몸으로 보내자.

출처 : 조신영, 박현찬(2007), 경청—마음을 얻는 지혜, 위즈덤하우스

5. 공감적 경청

1) 공감적 경청의 이해

잘 듣기 위해서는 공감적 이해가 필수적으로 요청된다. 공감적 이해란 청자가 상대방의 입장이 되어 그의 주관적인 세계를 이해하는 것을 말한다. 이것은 청자가 제3의 귀를 가지고 상대방의 마음속에 있는 '소리 없는 소리' 또는 '마음의 소리'를 듣는 것을 말한다. 또한 우리가 상대방의 눈으로 사물을 보는 것과 같이 상대방이 지니고 있는 생각과 느낌의 틀을 이용하여 그 사람의 생각과 감정을 이해하는 것이다.

베아트리체 칼리시는 "공감은 다른 사람의 감정과 그 감정의 의미를 정확하고 민감하게 인지하고 의사를 전달하는 능력이다."라고 말했다. 즉, 공감적 경청이란 듣는 사람이 상대방의 말, 의도, 감정을 이해하기 위해 가슴과 마음으로 듣고 대답하는 것을 의미한다. 공각적 경청을 통해 비로소 완전에 가까운 의사소통이 이루어지는 단계라고 할 수 있다.

청자가 상대방의 감정에 공감하고 있음을 나타낸다면 상대방은 그 자신이 이해받고 있는 느낌을 갖게 되며 청자를 보다 신뢰하게 되어 자신을 더욱 드러내 보이게 된다. 이러한 과정이 진행됨에 따라 원만한 인간관계가 이루어지게 된다.

2) 공감적 경청의 세 가지 수준 _{한국산업인력공단 매뉴얼 참조}

공감적 이해에는 세 가지 수준이 있다.

심층적 수준

기본적 수준

인습적 수준

> "저는 입사한 지 1년이 넘었는데도 아직 일다운 일을 해본 적이 없습니다."
>
> L씨 ⇒ "자네가 입사한 지 벌써 1년이 넘었나? 세월 빠르다 빨라!", "회사에서 중요하지 않은 일이 어
> 디 있겠나? 모든 일에 최선을 다해야지."
> M씨 ⇒ "음, 아직 일다운 일을 해보지 못했단 말이지.", "아직 자신의 능력에 맞는 일이 주어지지 않아
> 서 섭섭했던 모양이군."
> N씨 ⇒ "자네의 능력을 맘껏 발휘해볼 수 있는 일다운 일을 이제는 해보고 싶다는 말이지?"
>
> 출처 : 윤치영(2007), 설득 · 경청 논박의 기술, 일빛

첫째는 L씨의 사례로 인습적 수준이다. 이는 청자가 상대방의 말을 듣고 그에 대한 반응을 보이기는 하지만 청자가 주로 자신의 생각에 사로잡혀 있기 때문에 자기 주장만을 할 뿐, 상대방의 생각이나 느낌과 일치된 의사소통을 하지 못하는 경우이다. L씨의 경우 상대방의 이야기를 듣고 난 후 성급하게 판단하여 설익은 조언이나 상투적인 충고를 하게 되는 것이다.

둘째는 M씨의 사례로 기본적 수준이다. 대체로 청자는 상대방의 행동이나 말에 주의를 기울여 상대방의 현재 마음상태나 전달하려는 내용을 정확하게 파악하고 그에 맞는 반응을 보이는 것이다. M씨의 경우 상대방의 의견에 대하여 재언급이나 요약 등을 하면서 반응을 보이게 된다.

셋째는 N씨의 사례로 심층적 수준이다. 청자는 언어적으로 명백히 표현되지 않은 상대방의 내면적 감정, 사고를 지각하고 이를 자신의 개념 틀에 의하여 왜곡 없이 충분히 표현함으로써 상대방의 적극적인 성장 동기를 이해하고 표출한다. N씨의 경우 상대방의 의견에 대하여 긍정적으로 반응하고 사기를 진작시킨다.

3) 공감적 경청을 위한 세 가지 단계

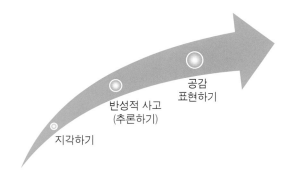

공감
표현하기

반성적 사고
(추론하기)

지각하기

상대방의 말에 공감적으로 경청하기 위해서는 다음 세 가지의 단계를 통해 더욱 깊이있는 경청이 가능하다. 첫째는 외적인 정보를 통해 상대방의 감정 및 심리상태를 지각하는 것이며, 둘째는 이러한 정보를 바탕으로 추론화하는 반성적 사고단계이다. 그리고 셋째는 지각하고 추론한 내용에 대하여 공감으로 표현하는 단계이다.

① 지각하기

인지심리학자 헉슬리(Huxley)는 "인간은 사물을 먼저 눈을 통해 감각하게 되고, 그 감각한 것 중에서 일부를 선택하며, 그 선택한 것 중에서 일부가 감지된다. 이렇게 감지된 영상들이 기억되고, 이러한 기억을 통해서 배우고, 그리고 알게 된다."고 말하였다. 이렇듯 우리는 상대방이 말하는 것 중에 일부만을 선택하여 감지하며 자신의 주관대로 경청하게 된다. 이로 인하여 상대방에 대한 많은 정보를 놓치게 될 수 있는 것이다.

지각하기는 의사소통 과정에서 상대방의 대화의 내용뿐 아니라 감정 및 심리상태까지 파악할 수 있는 단서를 지각하는 것을 의미한다. 이러한 지각하기는 상대방에 대해 얼마나 관심을 가지고 경청을 하느냐에 따라 달라질 수 있으며 자신의 노력에 의하여 변화될 수 있다.

② 반성적 사고(추론하기)

반성적 사고는 지각하기를 통해 수집된 정보를 조직화하고 추론화하는 과정이다. 지각한 단서에 대하여 사회문화와 규범, 관계, 상황 등 맥락에 맞게 재구성 및 조직화하는 사고활동을 의미한다. 예를 들어 대화를 하는데 상대방이 다리를 꼬는 자세로 대화를 한다면 상대방이 속한 문화와 개인적 습관, 대화의 상황 등에 따라 상대방의 심리상태 및 감정 등을 다르게 해석할 수 있는 것이다. 어떤 이는 다리를 꼬는 것이 건방진 태도의 한 모습일 수 있지만 다른 한편으로는 다리를 꼬는 것이 지극히 자연스럽고 편안한 자세의 모습일 수 있기 때문이다.

그렇기 때문에 똑같은 자세와 지각된 정보가 있다 하더라도 개인의 인생관, 라이프스 타일, 문화, 가치관에 따라 이는 다르게 해석 및 추론될 수 있다. 또한 추론화하는 과정 이 맥락에 맞게 잘 이루어졌을 때 상대방에 대한 깊은 공감을 이룰 수 있게 된다. 이를 위해 반성적 사고에서도 개인의 노력이 필요한 부분이라 할 수 있다.

③ 표현하기

상대방의 내적·외적 부분에 대한 수집된 정보를 통하여 지각 및 추론화 과정을 거 치고 난 후에는 상대방에 대한 공감의 표현이 이루어질 수 있어야 한다. 상대방에 대하 여 추론에서 끝나고 표현하기를 하지 않는다면 상대방은 자신이 공감받지 못했다고 생 각할 것이며 공감이 이루어지지 않는 대화로 끝나버리는 결과가 된다. 추론화 과정 이 후 상대방의 내적 및 외적 감정 및 심리상태, 액션에 대하여 반응하며 표현할 수 있어야 한다.

4) 공감적 경청의 태도

공감적 경청을 위해서는 비언어적 요소와 언어적 요소로 공감을 표현할 수 있다. 비언 어적 요소에는 표정과 눈빛, 자세, 제스처, 단순한 음성반응 등이 이에 해당하며 이는 상대방에게 '당신의 말을 잘 듣고 있어요'라고 공감적 경청을 잘하고 있다라는 것을 보 여주며 영향력을 발휘하게 된다. 그만큼 상황에 맞는 적절한 보디랭귀지의 표현은 중요 하다.

공감적 경청의 언어적 표현으로는 상대방의 말에 대하여 요약 및 반복하고 관심어린 질문을 하는 것을 들 수 있다. 이는 자신의 말을 '주의깊게 듣고 있다', 또는 '나에게 진 심으로 관심을 가져주는구나'라는 것을 표현하는 방법으로 공감적 경청의 중요한 표현법이라 할 수 있다. 하지만 무엇보다도 중요한 것은 상대방에 대한 열린 마음과 상대방을 이해하고자 하는 역지사지의 마음이다. 진정으로 이해하고자 하는 마음을 통해 공감적 경청은 원활하게 이루어질 수 있다.

가) 올바른 자세와 행동

편안하고 안정된 상태는 상대방에게 자연스런 분위기를 연출하여 대화를 부드럽게 만들어준다. 공감적 경청을 위해서는 상대방을 배려한 환경에서 대화할 수 있도록 하며 편안한 분위기가 연출될 수 있도록 해야 한다. 행동부분의 보디랭귀지와 눈맞춤에서도 상대방의 분위기를 맞추게 되면 더욱더 편안함을 느끼게 된다. 특히 시선은 상대방을 바라보며 교감할 수 있도록 하여 공감의 표현을 나타낼 수 있도록 한다.

나) 반응과 표현

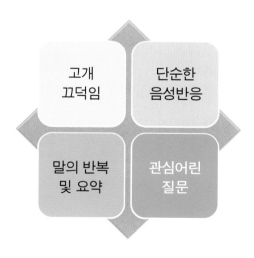

고개
끄덕임

단순한
음성반응

말의 반복
및 요약

관심어린
질문

① 고개 끄덕임

② 단순한 음성반응

이해한다는 표현의 단순한 음성반응은 '경청받는다. 이해받는다. 공감받는다'는

느낌을 줄 수 있다.

예) '아~ ', '예~~ ', '그러셨구나~~ ', '저런~~'

③ 상대방 말의 반복·요약

고객의 말을 반복하게 되면 '경청한다, 이해한다. 계속한다'라는 메시지를 준다.

④ 관심어린 질문

상대방이 자유롭게 자신의 감정이나 문제를 이야기할 수 있도록 질문을 유도한다.

예) '그래서요?', '정말입니까?'

5) 공감적 경청의 장점

① 카타르시스의 역할을 한다.

자신의 느낌을 말함으로써 좋지 않은 감정들이 사라지게 된다.

② 서로에게 신뢰감을 갖게 한다.

상대방에게 자신을 이해해 준다는 느낌을 주게 되어 돈독한 관계를 맺게 된다.

③ 상대방으로 하여금 듣는 이의 생각이나 아이디어에 귀를 기울이도록 해준다.

경청능력을 높이는 적절한 맞장구

듣기를 잘하는 사람은 맞장구를 잘 치는 사람이다. 적절하게 맞장구를 치면 말하는 사람의 의욕이 북돋아져 이야기에 더욱 열의가 생기게 된다.

구분	표현
추어올리듯 가볍게 하는 맞장구	저런! 그렇습니까? 아닙니다. 잘됐습니다. 그렇게 하십시오.
동의하는 맞장구	과연! 정말 그렇겠군요. 알겠습니다.
정리하는 맞장구	말하자면 이런 것입니까? 아~, ~와~라는 것이지요?
재촉하는 맞장구	그래서 어떻게 되었습니까?

– 한국산업인력공단 매뉴얼 참조

Action

짝궁에게 '오늘 하루의 기분'에 대하여 묻고 공감적 경청의 자세와 행동을 취해보자. 자신의 공감적 경청이 원활하게 이루어졌는지 체크해 보자.

구 분	점 수	느낀 점
보디랭귀지	5 — 4 — 3 — 2 — 1	
눈맞춤	5 — 4 — 3 — 2 — 1	
고개 끄덕임	5 — 4 — 3 — 2 — 1	
단순한 음성반응	5 — 4 — 3 — 2 — 1	
상대방 말의 반복 · 요약	5 — 4 — 3 — 2 — 1	
관심어린 질문	5 — 4 — 3 — 2 — 1	

Action

나는 공감적 경청을 잘 하고 있는가?
공감적 경청이 잘 안 된다면 그 이유는 무엇인가?
공감적 경청을 위해서 보완해야 할 부분은 무엇일까?

6. 경청의 방법 훈련 한국산업인력공단 매뉴얼 참조

자신이 이야기를 진지하게 들어주는 사람이 있다는 것은 고맙고 기쁜 일인 만큼 상대방에게 호감을 얻기 위한 첫째 조건으로 좋은 청자가 되는 것을 들 수 있다. 좋은 청자가 되기 위해서는 마음이 편안한 상태로 듣는다거나 듣고 있다는 것을 맞장구로 표현하여 상대가 알도록 한다거나 질문을 활용하는 등으로 평소에 경청훈련을 해두어야 한다. 대화법을 통한 경청훈련을 통해서 습득한 대화법은 직장 동료와의 대화, 부모·자녀관계, 부부관계 등 모든 인간관계에서 그대로 적용될 수 있다.

1) 주의 기울이기(바라보기, 듣기, 따라하기)

상대방의 이야기에 주의를 기울일 때는 몸과 마음을 다하여 들을 수 있어야만 자신의 관심을 상대방에게 충분히 보여주는 것이 된다. 따라서 산만한 행동은 중단하고 비언어적인 것, 즉 상대방의 얼굴과 몸의 움직임뿐만 아니라 호흡하는 자세까지도 주의하여 관찰해야 한다. 또한 상대방이 하는 말의 어조와 억양, 소리의 크기까지도 귀를 기울인다.

2) 상대방의 경험을 인정하고 더 많은 정보 요청하기

다른 사람의 메시지를 인정하는 것은 당신이 그와 함께하며 그가 인도하는 방향으로 따라가고 있다는 것을 언어적·비언어적인 표현을 통하여 상대방에게 알려주는 반응이다.

아울러 상대방이 말하는 것에 대해 관심과 존경을 보이게 되면, 비록 상대방의 말에 완전히 동의하지 않더라도 상대방의 경험이 무엇인지 알게 된다. 또한 '요청하기'는 부드러운 지시나 진술, 질문의 형태를 취함으로써 상대방이 무엇이든지 당신에게 더 많은 것을 말할 수 있도록 하는 수단이 된다.

3) 정확성을 위해 요약하기

요약하는 기술은 상대방에 대한 자신의 이해의 정확성을 확인하는 데 도움이 될 뿐만 아니라, 자신과 상대방을 서로 알게 하며 자신과 상대방의 메시지를 공유할 수 있도록 한다.

예를 들어 상대방의 요점에 대해서 들은 것을 자신의 말로 반복하는 표현과 자신의 요약을 확인 또는 명료화하기 위해 질문하는 표현을 보자.

"당신은 어제 친구와 돈 문제로 언쟁이 있었군요. 그래서 기분이 몹시 상했군요."
"당신은 지금 가사 분담을 제의하였지요? 방법은 아직 결정하지 않았군요. 같이 의논하자는 것인가요?

4) 개방적인 질문하기

개방적인 질문은 보통 "누가, 무엇을 어디에서, 언제 또는 어떻게"라는 어휘로 시작된다. 이는 단답형의 대답이나 반응보다 상대방의 보다 다양한 생각을 이해하고, 상대방으로부터 보다 많은 정보를 얻기 위한 방법으로서 이로 인하여 서로에 대한 이해의 정도를 높이기 위해서다.

예를 들어 다음과 같은 표현을 사용할 수 있겠다.
"이번 주말 여행 계획에 대해 말해주겠어요?"
"직장을 옮기는 것에 대해 어떤 생각을 하고 있어요?

명확하지 않은 정보와 혼돈된 정보를 명확하게 하기 위해서, 인정 또는 사과의 정확성을 검토하기 위해서는 다음과 같은 표현을 사용한다.

"당신, 기운이 없어 보이는군요. 무슨 일이 있어요?"
"당신은 나 때문에 정말 화난 것 같군요. 어떠세요?"

5) '왜?'라는 질문 피하기 '왜?'라는 말 삼가기

'왜?'라는 질문은 보통 진술을 가장한 부정적·추궁적·강압적인 표현이므로 사용하지 않는 것이 좋다.

Action

짝을 지어 대화 주제를 정한 뒤 대화를 해보자. 경청의 훈련방법들을 적용해 보고 그 느낌을 작성해 보자.

_____

_____

_____

_____

_____

내 용	느 낌
1. 주의 기울이기(바라보기, 듣기, 따라하기)	
2. 상대방의 경험을 인정하고 더 많은 정보 요청하기	
3. 정확성을 위해 요약하기	
4. 개방적인 질문하기	
5. '왜?'라는 질문 피하기 '왜?'라는 말 삼가기	

거울놀이

1. 상대방이 하는 말과 행동을 따라 하는 것이다. 두 명이 짝을 지어 화자와 청자로 나누고 역할을 정해보자. 그리고 대화 주제를 정하고 3분간 대화를 나눈다. 그리고 청자는 화자가 하는 얘기를 따라 하는 놀이다.

_____

_____

_____

_____

_____

2. 보여지고 들려지는 부분만을 따라 하는 것이 아니라 상대방의 생각과 감정을 이해하게 공감하면서 따라해 보자. 진정한 공감적 경청을 이룰 수 있을 것이다. 그리고 그 느낌을 서로 공유해 보자.

_____

_____

_____

_____

_____

인터뷰는 대화와 질문의 합작품

인터뷰는 회담, 회견이라는 의미로서 계산된 질문을 적극적으로 하여 인터뷰 상대자로부터 좋은 답변을 얻어내는 조금은 공격적인 대화방법이다. 인간 커뮤니케이션의 특수한 형식으로서 정보 전달의 가장 효율적인 방법이다. 이는 자연스럽고 즉흥적이며 연습을 거치지 않는 경우가 일반적이다. 인터뷰를 하게 될 때의 노하우를 소개한다.

- **첫인상이 중요하다 —** 우선 청결한 복장, 바른 자세로 침착하게 임하는 것이 중요하다. 건강하고 신선한 이미지를 주어야 하기 때문이다. 간단한 일이지만 이것이 첫인상에서 큰 몫을 차지한다.
- **두세 번의 심호흡을 하라 —** 시험에 임하면 긴장하지 않는 사람이 없다. 때문에 긴장을 느끼더라도 상관없다. 조용히 두세 번 심호흡을 한 다음 질문을 기다리는 것이 좋다. 질문에 당황하지 말고 어느 정도의 간격을 두고 대답하면 마음이 안정된다.
- **결론부터 이야기하라 —** 자기의 의사나 생각을 상대방에게 정확하게 전달하기 위해서는 먼저 무엇을 말하고자 하는가를 명확히 결정해 두어야 한다. 대답할 경우에는 결론을 먼저 이야기하고 나서 그에 따르는 설명과 이유를 나중에 덧붙이면 논지가 명확하게 되고 이야기가 깔끔하게 정리된다.
- **질문의 요지를 파악하라 —** 간결성만으로는 부족하다. 진행자의 질문이나 이야기에 대해 적절하고 필요한 대답을 하지 않으면 대화는 끊어지고 자신의 생각을 제대로 표현하지 못하여 어색한 분위기를 연출할 수 있게 된다. 무엇을 묻고 있는지, 무슨 이야기를 하고 있는지 그 요점을 정확히 알아내야 한다. 질문의 요지를 파악할 수 없을 때는 주저하지 말고 "지금의 질문은 이러한 의미입니까?"라고 물어보아 의미를 이해한 다음에 대답해야 한다.
- **3분 이내에 이야기를 마쳐라 —** 한 가지 사실을 이야기하거나 설명하는 데는 3분이면 충분하다. 복잡한 이야기라도 어느 정도의 길이로 요약해서 이야기하면 상대도 이해하기 쉽고 자신의 생각도 정리할 수 있다. 긴 이야기는 오히려 상대를 불쾌하게 만들 수 있다.
- **말끝을 분명히 하라 —** 말끔히 사라져버리는 대화는 다른 사람에게 어두운 인상을 준다. 또한 입 속에서 중얼중얼하다가 언짢은 것처럼 이야기하는 사람도 의외로 많다. 그러나 이것은 절대 금물이다. 산뜻한 인상을 주는 화법을 연습하자.

－한국산업인력공단 매뉴얼 참조

- **명확하게 바른 자세로 전달하라** — 상대의 눈을 보며 적당한 톤과 스피드로 성의를 가지고 진지하게 이야기하면 상대에게 호감을 주게 된다. 상대의 이야기에 "예", "그렇습니까?", "저는 이렇게 생각합니다." 등으로 자신의 생각이나 느낌을 명확하게 전달하면 대화가 부드럽게 전개되며 상대의 공감을 얻게 된다.

- **자신의 언어로 이야기하라** — 명확하게 이해하지 못하는 말을 무리하게 사용한다거나 유행어를 함부로 사용하면 경박해 보인다. 또한 너무 훌륭하게 표현하려다가 자신의 이야기에 도취되어 흥분하는 경우도 있다. 지나치게 어렵거나 경박한 용어를 사용하는 일 없이 평소 자신의 언어를 조리 있게 구사하는 것이 중요하다.

- **올바른 경어를 사용하라** — 경어를 사용하는 방법은 쉬운 것 같지만 실제로는 그렇지 않다. 경어는 시간, 장소, 지위 등의 환경이나 조건에 따라 구분하여 쓰는 것이 중요하다. 경어의 사용법도 모른다는 인상을 주면 경멸을 받게 되고 인간적 가치마저 의심받을 우려가 있다. 특히 존대어와 겸양어는 혼동하기 쉬우므로 조심해야 한다.

- **자신의 스타일로 이야기하라** — 이야기에 능한 사람은 자신의 스타일을 터득하고 있다. 누구에게든지 자신에게 맞는 방법이 있기 마련이다. 이를 연구하여 상대에게 호감을 줄 수 있는 방법을 연습해야 한다. 같은 내용의 이야기라도 상대의 입장이나 생각을 고려하면서 이해하기 쉽게 이야기하는 버릇을 길러두는 것이 좋다.

- **자신 있는 부분에서 승부를 걸어라** — 면접시험에서 자기가 자신 없는 분야에 승부를 건다면 백전백패일 수밖에 없다. 질의 응답 중 자기가 자신 있는 분야로 이야기를 끌고 가는 노력이 필요하다. 이야기가 자신 있는 분야로 오면 기회를 놓치지 않아야 한다. 자신 있는 이야기에는 설득력이 있다.

- **모든 질문에 대해 적극적으로 답하라** — 소극적인 자세는 면접 시 절대 금기사항이다. 적극적으로 질문에 답해야 하며, 그렇게 하기 위해서는 주제에 대한 사전 준비가 필요하다. 싫은 질문을 받더라도 차분히 대답하는 것이 좋다. 또한 사소한 질문이라 생각되는 경우에도 성의껏 답해야 한다. 최후의 순간까지 최선을 다하라.

출처 : 윤치영(2007), 설득·경청 논박의 기술, 일빛

의사표현능력

Chapter

04

의사표현능력

"말이 있기에 짐승보다 낫다.
그러나 바르게 말하지 않으면
짐승이 그대보다 나을 것이다."

– 사아디 고레스탄 –

CHAPTER **04**
의사표현능력

다음 각 문항을 읽고 평상시 자신의 대화 습관이나 언행에 비추어 어떠한지 다음 기준에 따라 객관적으로 평가해 보시오.

1. 전혀 아니다. 2. 아니다. 3. 보통이다. 4. 그렇다. 5. 정말 그렇다.

	문항 내용	평 가				
1	나는 상대방의 이야기가 끝낼 때까지 잘 듣는다.	1	2	3	4	5
2*	다른 사람의 의견이 나와 일치하지 않을 경우 상대방을 어떻게 설득할까 생각한다.	1	2	3	4	5
3*	나의 의견에 대한 평가나 부정적인 피드백에 대해 바로 반응한다.	1	2	3	4	5
4	나는 대화할 때 상대방의 눈이나 얼굴을 바라보며 이야기한다.	1	2	3	4	5
5*	나는 종종 팔짱을 끼거나 등을 의자에 기대고 이야기를 한다.	1	2	3	4	5
6*	상대방이 장황하게 설명할 때 짜증이 난다.	1	2	3	4	5
7*	나는 기다리기보다는 나의 의견을 먼저 제시하는 편이다.	1	2	3	4	5
8	나는 대화할 때 고개를 자주 끄덕인다.	1	2	3	4	5
9	나는 상대방의 말에 관심이나 재미가 없더라도 집중하는 편이다.	1	2	3	4	5

10*	대화가 길어지면 내가 말을 많이 하는 편이다.	1	2	3	4	5
11	대화 중에 "아!", "응, 그렇구나", "세상에"와 같은 말을 자주 한다.	1	2	3	4	5
12	상대방의 의견을 듣는 동안 집중하고 메모한다.	1	2	3	4	5
13*	상대방의 이야기를 들으며 그(녀)에게 해줄 말을 생각한다.	1	2	3	4	5
14*	내가 이미 알고 있는 사항에 대해 상대방이 설명할 때에는 주의를 기울이지 않는다.	1	2	3	4	5
15	상대방의 의견을 이해하기 전까지는 나의 의견을 제시하지 않는다.	1	2	3	4	5
16	질문을 통해 상대방의 의견을 묻고, 내가 정확히 이해했는지 확인한다.	1	2	3	4	5
17*	다른 사람의 의견이 나와 일치하지 않을 경우 내 의견을 고집한다.	1	2	3	4	5
18	상대방의 의견에 맞장구(맞아, 나도 같은 생각이야, 그러게 말이야 등)를 자주 친다.	1	2	3	4	5
19	상대방이 이야기를 계속하도록 "오, 그래?", "그래서?", "계속해봐" 등과 같은 말을 자주 한다.	1	2	3	4	5
20	상대방의 말을 간단히 반복하거나 요약해서 진의를 확인한다.	1	2	3	4	5

출처 : 이재희, 최인희(2014), 비즈니스 커뮤니케이션

각 문항에 대한 응답 결과를 다음의 집계표에 옮겨 적고, 범주별로 소계점수를 계산하시오. 이때 별표(*)가 있는 항목(집계표에 색칠된 부분)은 점수를 거꾸로 옮겨 적는다(즉, 1이라고 응답한 경우는 5라고 적고, 2라고 응답한 경우는 4, 2라고 응답한 경우는 2, 5라고 응답한 경우는 1로 옮겨 적는다. 3으로 응답한 경우는 그대로 옮겨 적는다).

구 분					소 계
말 자르지 않기	1.	3.	7.	17	
관심 유지하기	6.	9.	14.	19.	
평가 · 조언 줄이기	5.	10.	13.	15	
핵심 파악하기	2.	12.	16.	20.	
표현하기	4.	8.	11.	18.	
총 계					

Action

※ 각 범주별 소계 점수가 12점 이하이면, 해당 범주의 대화 원칙을 잘 지키지 않는다는 것을 뜻한다.
   자신의 범주별 점수를 보고 느낀 점 및 향상방향에 대하여 작성하시오.

_____

_____

_____

_____

_____

_____

_____

_____

피터 드러커는 "인간에게 가장 중요한 능력은 자기표현이며, 현대는 의사소통에 의해 좌우된다"고 언급했다. 해야 할 말을 자신 있게 말하는 사람이야말로 진정 용기 있는 사람이다. 오늘날은 의사표현의 시대이다. 표현을 못하면 자신의 능력을 충분히 표출하기 어렵다. 반면에 의사표현을 잘하면 인생의 목적을 쉽게 달성할 수 있다.

1. 의사표현의 개념

의사표현이란 한마디로 말하기이다!

> 말하는 이가 자신의 생각과 감정을 듣는 이에게 음성언어나 신체언어로 표현하는 행위

의사표현이란 한마디로 말하기이다. 즉, 말하는 이가 자신의 생각과 감정을 듣는 이에게 음성언어나 신체언어로 표현하는 행위이다. 의사표현에는 음성언어와 신체언어가 있는데, 음성언어는 입말로 표현하는 구어이고, 신체언어는 신체의 한 부분인 표정, 손짓, 발짓, 몸짓 따위로 표현하는 몸말을 의미한다.

'말'이 우리 생활에 미치는 영향이 매우 크기 때문에 제대로 말하는 방법에 대한 노력이 그만큼 커지고 있다. 이에 따른 개인의 의사표현 향상을 위한 노력이 필요하다.

의사표현은 의사소통의 중요한 수단으로 특히, 말하는 이의 의도 또는 목적을 가지고 그 목적을 달성하는 데 효과가 있다고 생각하는 말하기를 의미한다. 의사소통의 중요한 수단인 말하기가 사용되는 예를 들면, 첫째, 말하는 이가 듣는 이에게 어떤 영향을 미치기 위하여 주장하는 것이다. 즉 말하는 이는 듣는 이의 생각을 변화시키려는 의도로 주장하는 것이다. 둘째, 필요한 정보를 제공받기 위하여 질문하는 것이다. 셋째, 어떤 일을 해주도록 요청할 때 하는 것이다.

2. 의사표현의 중요성

〈의사표현, 즉 말이 그 사람의 이미지를 결정한다〉

시인이나 작가가 아니라도 말할 때, 영상언어를 사용해야 상대가 잘 기억한다는 것은 누구나 알고 있을 것이다. 마치 그림을 그리듯이 언어를 이용해서 이미지를 만들어내면, 그 미학적 효과로 인해서 그 말은 살아 있고 좀 더 역동적으로 상대방에게 전달된다는 것이다. 그러나 우리의 말에는 그보다 더한 힘이 감추어져 있다.

화룡점정(畵龍點睛)처럼 언어로 그리는 이미지로 인해서 우리의 이미지가 형상화될 수 있다. 즉, 우리가 자주 하는 말로써 우리의 이미지가 결정된다는 것이다. 말로 먹고 사는 직업을 택한 사람이 아닐지라도, 자신의 운명을 말과 더불어 하게 된다. 우울증에 걸려서 자살한 사람들의 특징을 아는가? 그들은 말끝마다 '죽고 싶다'를 연발한다. 죽고 싶은 생각이 들어서 우울증에 걸렸는지, 혹은 우울증에 걸려서 죽고 싶은 것인지는 전문가의 견해에 따라야 하겠지만, 문제는 그가 죽고 싶다는 생각을 계속적으로 내비치는 것에 있다. 죽고 싶다는 말을 통해서, 실상 살고 싶다는 마음속 인간 본연의 바람이 사라져버리고, 그의 사고를 착각하게 만들고 그의 마음을 병들게 하여 자살하는 것이다.

일반적으로 사람을 판단하는 경우 얼굴을 주로 본다. 그런데 관상가들의 말에 의하면, 관상이라는 것이 그 사람이 어떻게 어떤 마음으로 살아왔느냐에 따라서 조금씩 변한다고 한다. 인색하게 재물만 모을 것 같은 관상도 남에게 베풀고 선행에 앞장서는 행동을 여러 해 동안 하다 보면, 후덕하고 온화한 상으로 변한다는 것이다. 그렇다면 우리도 말을 통하여 이미지를 바꾸는 것이 가능할 것이다. 말을 바꿈으로써 자기 자신의 이미지를 성공하는 사람으로 바꾸어보자.

3. 의사표현의 종류

의사표현의 종류는 상황이나 사태와 관련하여 공식적 말하기, 의례적 말하기, 친교적 말하기로 구분하며, 구체적으로 대화, 토론, 보고, 연설, 인터뷰, 낭독, 구연, 소개하기, 전화로 말하기, 안내하는 말하기 등이 있다.

| 공식적 말하기 | 의례적 말하기 | 친교적 말하기 |

첫째, 공식적 말하기

사전에 준비된 내용을 대중을 상대로 하여 말하는 것이다. 공식적 말하기에는 연설, 토의, 토론 등이 있는데, 연설은 말하는 이 혼자 여러 사람을 대상으로 자기의 사상이나 감정에 관하여 일방적으로 말하는 방식이고, 토의는 여러 사람이 모여서 공통의 문제에 대하여 가장 좋은 해답을 얻기 위해 협의하는 말하기이다. 토론은 어떤 논제에 관하여 찬성자와 반대자가 각기 논리적인 근거를 발표하고, 상대방의 논거가 부당하다는 것을 명백하게 하는 말하기이다.

둘째, 의례적 말하기

정치적·문화적 행사에서와 같이 의례 절차에 따라 하는 말하기이다. 예를 들어 식사, 주례, 회의 등이 있다.

셋째, 친교적 말하기

매우 친근한 사람들 사이에 가장 자연스런 상태에 떠오르는 대로 주고받는 말하기이다.

Action

의사표현의 '공시적 말하기', '의례적 말하기', '친교적 말하기' 중 가장 자신있는 의사표현 종류와 좀 더 노력이 필요한 의사표현 종류는 무엇인가? 그 이유는 무엇인가?

---

4. 성공하는 사람의 이미지를 위한 의사표현 한국산업인력공단 매뉴얼 참조

첫째, 부정적인 말투를 고쳐야 한다

무엇을 보든지 부정적으로 평가를 내리는 사람이 있다. 비평가도 아니면서 아닌 것부터, 부정적인 것부터 말하는 사람이 있다. 선물을 받고 나서도 기뻐하기보다는 마음에 안 드는 점을 잡아 탓하기만 하는 어른들이 있다. 이분들은 십중팔구 아랫사람으로부터 조그마한 선물도 받기 어려운 처지가 될 것이다. 무엇이든지 긍정적으로 말하자. 긍정적으로 말하고 힘이 부족하면 도움을 요청하고, 감사의 말을 하고 더 많이 감사할 일이 있을까를 생각하자. 장미에게 가시가 있어서 아름답다는 것을 생각하고 장미꽃뿐만 아니라 장미꽃 가시에게도 감사하자. 자기 자신이 긍정적으로 변할 때까지 긍정적인 말투를 사용하고, 긍정적인 자아상을 가질 때까지 긍정적으로 말하고 생각하자. 그러면 우리의 이미지와 환경이 긍정적인 모습으로 우리 앞에 나타날 것이다.

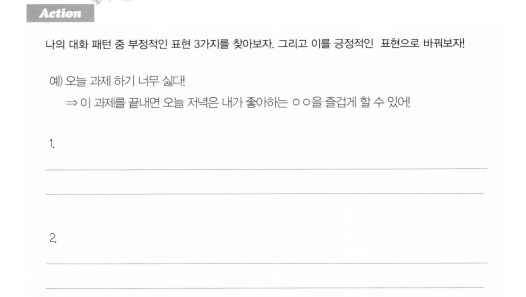

Action

나의 대화 패턴 중 부정적인 표현 3가지를 찾아보자. 그리고 이를 긍정적인 표현으로 바꿔보자!

예) 오늘 과제 하기 너무 싫다!
⇒ 이 과제를 끝내면 오늘 저녁은 내가 좋아하는 ㅇㅇ을 즐겁게 할 수 있어!

1.

2.

3.

둘째, 상대의 말에 공감을 하자

가장 쉽게 다른 이에게 친절을 베풀 수 있는 것은 무엇인가? 상대가 원하는 대답을 해주는 것이다. 분명 그것이 정답이 아니지만, 상대는 매우 고마워할 것이며, 우리도 그에게 긍정적인 대답을 들을 수 있을 것이다. 가는 말이 고우면 오는 말도 고운 것처럼 우리가 말로써 상대에게 심으면, 상대가 좋은 열매를 가지고 우리에게 주는 것은 당연한 결과일 것이다. 빈말인 줄 알면서도 여자들은 예쁘다는 말은 얼마든지 들어도 싫어하지 않는다고 한다. 남에게 기쁨이 되는 말을 하면, 그에게서 기쁨이 되는 말을 들을 수 있다. 그리고 그런 말을 자주 듣게 되면, 우리의 이미지도 스스로 기뻐할 만한 모습으로 변할 것이다.

셋째, 자신을 너무 과소평가하지 말자

이 말은 낮은 자존감과 열등감으로 자기 자신을 대하지 말자는 것이다. 안 좋은 일이 생기면, "내가 못 배운 게 한이지." 혹은 "내가 가난한 게 죄지"라고 말하는 분들이 있다. 또한 평소에 죄송합니다. 미안합니다를 입에 붙이고 사는 사람들이 있다. 얼핏 보면 예의 바르게 보일지 모르지만, 꼭 필요한 경우가 아니라면 그렇게 해서 자신의 모습을 비하시키지 않기 바란다.

Action

스스로 자신을 비하시키는 표현에는 어떤 것이 있었는가? 이를 긍정적으로 바꿔보자!
또는 자신에게 긍정적인 암시의 말을 만들어보자!

넷째, 자신의 대화 패턴을 주의 깊게 살펴보자

기회가 된다면 자기가 다른 사람과 대화하는 것을 녹음해서 들어보자. 불필요한 어휘나 부정적이거나 거부감을 주는 표현을 많이 쓰지는 않는지, 또는 상대방이 못 알아듣는 전문용어나 사투리를 사용하지는 않는지 점검해 보자. 좋지 않은 언어습관에 대해 지적해 주는 이의 충고를 새겨보자. 그리고 의식적으로 쓰는 말을 우리가 원하는 말로 바꿔서 자주 사용해 보자. 그래서 자신의 언어사용 패턴을 바꾸어보자. 얼마 안 가서 자기 자신의 이미지도 변하고 삶의 모습도 변할 것이다.

나의 대화 패턴을 주의 깊게 살펴보기 위하여 친구 및 가족에게 인터뷰를 실시해 보자. 각각 2~3명에게 인터뷰를 실시한 뒤 적어서 조원들과 공유해 보자.

• 가족

가족1

_____

_____

가족2

_____

_____

가족3

_____

_____

• 친구

친구1

_____

_____

친구2

_____

_____

친구3

_____

_____

5. 의사표현의 방해요인 한국산업인력공단 매뉴얼 참조

의사표현에 영향을 미치는 요소로 여러 가지를 열거할 수 있지만, 여기서는 연단공포증, 말, 음성, 몸짓, 유머 등 5가지에 대하여 알아보고자 한다.

1) 연단공포증

우리는 연단에 섰을 때, 정도의 차이는 있지만 누구나 가슴이 두근거리고 입술이 타고 식은땀이 나고 얼굴이 달아오르는 생리적인 현상을 느끼게 된다. 독일의 유명한 가수 슈만 하이크는 "음악회에서 노래를 부를 때 심리적 긴장감을 갖지 않느냐?"는 한 기자의 질문에 대해 "노래하기 전에 긴장감을 느끼지 않는다면, 그때는 내가 은퇴할 때"라며 연단공포증을 솔직히 고백한 바 있다. 또한 영국의 유명한 작가 버나드 쇼도 젊은 시절 매우 내성적인 청년이었기 때문에 잘 아는 사람의 집을 방문할 때도 그 집의 문을 두드리지 못하고, 20분이나 문 밖에서 망설이고 거리를 서성거렸으며, 이러한 그가 자신의 내성적인 성격을 극복하기 위하여 런던에서 공개되는 모든 토론에 의도적으로 참가한 결과 장년에 이르러서야 20세기 전반에 가장 재치와 자신이 넘치는 웅변가가 될 수 있었다고 그의 자서전에서 밝힌 바 있다. 이와 같이 연단공포증은 소수인의 심리상태가 아니라, 90% 이상의 사람들이 호소하는 불안이다. 그러므로 이를 걱정할 필요는 없으며, 오히려 이러한 심리현상을 잘 통제하면서 구두표현을 한다면 청자는 그것을 더 인간다운 것으로 생각하게 될 것이다.

이러한 공포증은 본질적인 것이기 때문에 이것을 완전히 치유할 수는 없다. 그러나 식사나 수면욕구를 다소 통제할 수 있듯이, 우리는 의사전달 시 노력에 의해서 우리를 당황케 하는 심리적 불안을 얼마간 유화시킬 수 있다.

공포증을 심하게 느끼는 사람은 가까운 친척, 친구들을 제외하고는 의사전달을 회피하려고 한다. 또는 다른 사람과 별로 접촉이 없는 직업을 선택하려고 하며, 인적이 드문 장소에서 기거하기를 좋아하게 된다.

연단공포증의 원인은 아직 분명히 규명되고 있지는 못하다. 단지 인간이 선천적으로 가지고 있는 부끄러워하는 기질 또는 어린 시절부터 학습된 행동의 재현이라는 주장이 있다.

2) 말

의사표현, 즉 말은 일회성이기 때문에 우리는 책임 있는 말을 하여야 한다. 또한 현대 사회는 복잡다단한 사회다. 그러기에 우리는 가능하다면 간결하게 상대방에게 의사전 달을 하여야 한다. 즉, 우리의 말은 마치 주방일을 할 때 낀 고무장갑이 주는 감촉같이 그 말은 그 상황에 적절하게 어울려야 한다.

또한 화자의 발음이 정확한지의 여부도 그 사람의 의사표현에 미치는 영향은 매우 크 다. 사회적으로 저명인사가 패배(敗北)를 '패북'이라 발음하고 도전(挑戰)을 '조전'이라고 태연스럽게 말했다고 상상해 보자. 그의 이야기가 아무리 무게 있고 귀중한 말이라도 아마도 그 가치는 땅에 떨어지고 그의 지위나 인격이 재평가될 것이다.

3) 음성

좋은 음성이란 개인의 취향, 시대, 지방, 직업에 따라 그 기준이 달라질 수 있다. 영 국 NBC 방송국의 아나운서 켈리(Keely)가 "100명 중 5명만이 선천적으로 좋은 음성 을 타고났다."라고 말했듯이, 우리는 자기 음성의 결함을 발견하고 그것을 고쳐보려는 노력을 부단히 경주해야 한다. 즉 녹음기에 자신의 스피치를 녹음해서, 음성, 고저, 명 료도, 쉼, 감정이입, 완급, 색깔, 온도 등의 면에서 자기 목소리의 진상을 점검해 보아야 한다.

목소리는 메시지의 전달뿐만 아니라 화자에 대한 인상을 반영한다. 즉 약하고 여린 목소리는 화자의 용기와 열성을 감소시키며, 단조로운 목소리는 내적 열정을 잠자게 한다. 시각표현과 마찬가지로 청각표현도 청자의 주의를 환기시킨다.

우리는 첫째, 편안한 마음으로 경청할 수 있는 적절한 크기의 목소리를 가져야 한다. 둘째, 분명하고 명확한 음성을 갖도록 노력하여야 한다. 셋째, 음성에는 온도와 색깔이 있으므로 내용에 따라 음성을 변화시키는 요령을 습득해야 한다. 즉, 단어의 의미를 확산시키고 주의를 집중시키기 위하여 우리는 음성을 변화시켜야 한다. 최근의 스피치 연구가들은 일정한 음도를 유지하다가 보다 낮은 목소리로 갑자기 전환하는 것이 오히려 보다 높은 목소리로 전환하는 것보다 강조의 효과적 수단이라 주장하고 있다. 넷째, 목소리는 그 사람의 개성, 연령, 인생체험의 깊이와 밀접한 연관을 갖는 만큼, 개인의 여건에 맞는 진실된 목소리를 가져야 한다.

4) 몸짓

우리는 각기 다른 정도이기는 하지만 의사를 표현할 때 두려움을 경험한다. 이 공포증을 감소시키기 위하여 우리는 준비를 하고, 심리적 불안은 정상적인 것으로 생각하여 안정을 회복하며, 내용에 부합되는 제스처로써 오히려 이것을 긍정적인 방향으로 전환해야 한다.

성공적인 화자는 언어적인 요소와 비언어적인 요소를 잘 결합하여, '어떻게'와 '무엇을'이 일치가 되도록 노력해야 한다.

청자에게 인지되는 비언어적 요소로 우리는 대체로 화자의 외모, 동작 등을 들 수 있다.

5) 유머

유머가 없는 의사표현은 새가 없는 정원에 비유될 수 있다. 또한 일정한 속도로 달리는 고속버스 같아 청자에게 지루한 감을 준다. 그리고 이미 다 아는 진부한 웃음거리는 재탕한 한약 같아서 혀를 쏘지 못하고 입안만 텁텁하게 할 뿐이다.

그렇다고 하루 아침에 유머가 있는 구두표현을 할 수 있는 것은 아니며, 평소 일상생활을 통하여 머리를 회전시켜 부단히 유머 감각을 훈련하여야만 자연스럽게 상황에 맞는 유머를 즉흥적으로 구사할 수 있다. 대체로 한국 사람은 유머 감각이 둔한 편이라고 할 수 있다. 영국인에게 "당신은 유머 감각이 없는 사람이오."라고 말하는 것이 가장 모욕적인 말이라고 알려져 있다. 여기서 우리는 영국인이 유머를 일상생활의 한 방편으로 활용하고 있음을 알 수 있다. 건전한 유머를 만끽하며 살아갈 수 있다면 우리의 생활은 더욱 기쁘고 즐겁고 유쾌해질 것이다.

유머는 흥미 있는 이야기로, 과장된 표현으로, 권위에 대한 도전으로, 자기 자신의 이유로, 엄숙한 분위기를 가볍게 만들 때, 변덕스러운 말로, 풍자 또는 비교로, 반대표현으로, 모방으로, 예기치 못한 방향전환으로, 아이러니 등의 방법이 사용될 때 그 성과를 기대할 수 있을 것이다.

6. 원활한 의사표현을 위한 지침 한국산업인력공단 매뉴얼 참조

원활한 의사표현을 하기 위해서는 다른 사람의 마음을 읽어낼 줄 알아야 한다. 좋은 말은 더 기분 좋게, 부담스러운 내용이라도 실망이나 다툼을 야기하지 않고 상호 이해에 이를 수 있도록 부드럽게 처리하는 요령이 필요하다.

성의 있고 진실한 자세, 상대에 대한 세심한 관찰, 긍정과 공감에 초점을 둔 의사표현 기법을 습득하고 있다면 안정감 있는 인간관계를 이루는 것이 그리 어렵지는 않을 것이다.

① 올바른 화법을 위해 독서하라

의사표현은 일방적인 것이 아니라 주고받는 것이다. 따라서 상대방의 채널에 맞춘다는 기분으로 하는 것이 바람직한 의사표현법이다. 핵심은 구체적으로 짚되, 표현은 가능한 한 간결하게 한다. 중언부언은 가장 나쁜 의사표현 버릇이다. 상대방이 말할 때 '지금 당신의 이야기를 이해하고 있다'는 신호를 보내면서 가능한 한 끝까지 들어준다. 올바른 의사표현법의 기본은 독서에 있다. 유창하고 능숙한 말솜씨를 가지려면 풍부한 어휘력이 필요한데, 어휘력을 기르는 데는 책을 읽는 것이 크게 도움이 된다.

② 좋은 청중이 되어라

말을 잘 하는 사람은 남의 말을 잘 듣는 사람이다. 평판 좋은 이들을 보면 대개 말수가 적고, 상대편보다 나중에 이야기하며, 다른 이의 말에 세심히 귀를 기울임을 알 수 있다. 의사표현의 목적을 파악한 뒤 그 기준에 맞추어 상대방의 말을 경청한다. 상대방의 말이 채 끝나기 전에 어떤 답을 할까 궁리하는 것은 좋지 않다. 주의가 분산돼 경청에 몰입하는 것이 어려워지기 때문이다. 불필요한 감정, 시간의 소모 없이 생산적인 의사표현을 이끌어가기 위해서는 상대방의 성격, 인품, 습관을 미리 파악하는 것도 한 방법이다.

③ 칭찬을 아끼지 마라

사람은 자신을 칭찬하는 사람을 칭찬하고 싶어 한다. 그러므로 남을 칭찬하는 것은 곧 나를 칭찬하는 일이다.

누구라도 한두 가지 장점을 갖고 있게 마련이다. 그것을 발견하여 진심 어린 말로 용기를 북돋워준다. 간혹 보면 거짓 찬사를 늘어놓는 사람이 있는데, 그럴 경우 오히려 관계를 더 뒤틀리게 할 수도 있으므로 주의해야 한다. 아첨인지 칭찬인지는 듣는 사람이 더 빨리 파악하게 된다.

④ 공감하고, 긍정적으로 보이게 하라

가장 쉬운 방법은 상대편의 말을 그대로 받아서 맞장구를 치는 것이다. '요즘 사업하기 너무 힘들어!'라는 말을 들었을 때, 곧 '정말 힘이 드시겠군요.' 하고 맞장구를 쳐주면 상대방이 편안함을 느낄 것이다. 사람은 자신의 희로애락에 공감하는 이들에게서 안정감과 친근감을 느끼기 때문이다. 긍정의 기술도 필요하다. '얼굴이 왜 그렇게 안 좋아요?'라고 하는 것보다는 '요즘 바쁘신가 봐요. 역시 능력 있는 분은 다르군요'라고 말해주는 편이 훨씬 효과적이다. 또한 '당신이 이렇게 멋있었나!'라고 하는 것보다, '당신 정말 멋있어!'라고 표현하는 쪽이 훨씬 더 담백하고 긍정적으로 보이게 한다. 그때그때 적절한 감탄사를 동원하여 맞장구를 치는가 하면, 조심스럽게 의견을 제시해 보자. 그렇게 하면 상대방은 당신이 자신의 말을 경청하고 있음을 확실히 느낄 것이다.

⑤ 겸손은 최고의 미덕임을 잊지 마라

남 앞에서 자신의 장점을 자랑하고 싶은 것은 인지상정이다. 그러나 이러한 욕구를 적정선에서 제어하지 못하면 만나는 게 부담스럽고 껄끄러운 사람으로 낙인 찍힌다. 내면적으로 자신감을 갖고 있는 것과 잘난 척하는 것 사이에는 큰 차이가 있다. 장점은 남이 인정해 주는 것이지, 자신이 애써 부각시킨다고 해서 공식화되는 것이 아니다. 또 너무 완벽해 보이는 사람에겐 거리감이 느껴질 수도 있으므로, 자신의 단점과 실패담을 앞세움으로써 더 많은 지지자를 얻을 수 있다는 사실을 기억해야 한다.

⑥ 과감하게 공개하라

비밀의 공유는 강력한 유대감을 불러온다. 좋은 관계를 유지하고 싶은 상대방에게 먼저 자신의 속내를 드러내면, 상당한 효력을 발휘할 것이다. 이는 곧 '나는 당신을 나 자신처럼 믿는다'는 신뢰의 표현이기 때문이다.

⑦ '뒷말'을 숨기지 마라

별것 아닌 일에도 버릇처럼 중의적인 표현을 사용하는 사람들이 있는데, 이는 곧이곧 대로 칭찬하거나 감탄하는 대신에 석연치 않은 뉘앙스를 풍겨 상대방을 몹시 기분 나쁘게 한다. 피해야 할 대표적인 어법 중 하나이다. 특수한 상황이 아니라면 비꼬거나 빈정대는 듯한 표현은 삼가는 것이 좋다. 산뜻한 칭찬과 비판은 의사표현의 격을 높인다. 반대로 단정적인 말은 금물이다. 따라서 같은 내용이라도 보다 완곡하게 표현할 수 있도록 평소에 훈련해야 한다.

⑧ '첫마디' 말을 준비하라

의사표현에도 준비가 필요하다. 첫 만남을 앞둔 시점이라면 어떤 말로 이야기를 풀어갈지 미리 생각해 두는 것이 좋다. 재치 있는 말이 떠오르지 않을 때는 신문 또는 잡지를 참고하거나, 그날의 대화주제와 관련된 옛 경험을 떠올려보는 것도 한 방법이다. 사업상의 만남일 경우, 상대방이 미처 생각지도 못할 법한 분야에 대한 지식을 한두 가지라도 쌓아두면 큰 도움이 된다.

⑨ 이성과 감성의 조화를 꾀하라

논리적 언변은 대화를 이끌어가는 데 큰 힘이 된다. 그러나 이견이 있거나 논쟁이 붙었을 때 무조건 앞뒤 말의 '논리적 개연성'만 따지고 드는 자세는 바람직하지 않다. 그러한 자세는 사태 해결에도 도움이 되지 않지만, 설사 논쟁에서 승리한다 해도 두 사람의 관계를 예전으로 돌려놓는 것은 거의 불가능해진다. 학문적, 사업적 토론에는 진지하게 임하되 인신공격성 발언은 피하도록 한다. 또한 제압을 위한 논리를 앞세우지 말고, 합의를 위한 논리를 지향해야 한다. 논쟁이 일단락된 다음에는 반드시 서로의 감정을 다독이는 과정을 밟도록 한다. 논쟁 자체가 큰 의미가 없는 것일 땐 감정에 호소하는 말로 사태를 수습하는 것도 나쁘지 않은 방법이다.

⑩ 대화의 룰을 지켜라

좋은 의사표현에는 일정한 규칙이 있다.

- 상대방의 말을 가로막지 않는다.
- 혼자서 의사표현을 독점하지 않는다.
- 의견을 제시할 땐 반론 기회를 준다.
- 임의로 화제를 바꾸지 않는다.

익히 알고 있는 것들이지만 지키기는 쉽지 않다. 말을 주고받는 순서, 그리고 자기가 하려는 말의 분량을 늘 염두에 두고 있으면 실수를 줄일 수 있다.

⑪ 문장을 완전하게 말하라

그냥 '됐어요'라고 하는 것보다는 '저 혼자 옮길 수 있습니다'라든지, '갈게요'보다는 '다녀오겠습니다'가 훨씬 단정하고 분명하다. 축약된 말은 자칫 무례하거나 건방지다는 느낌을 줄 수 있지만, 바른 말로 이루어진 완전한 문장은 말하는 이의 품격을 높여줄 뿐 아니라 원활한 의사소통에도 도움이 된다.

의사표현에도 전략이 있다

우리는 별 볼 일 없는 것을 침소봉대하여 생각하는 경우가 많다. 이웃 간의 사소한 시빗거리를 가지고 감정을 못 이겨서 법정까지 가기도 한다. 논쟁을 좋아하는 민족이 아니지만, 필요 이상의 핏대를 올리며 자기 주장을 관철하고자 애쓰며, 상대가 자신의 주장을 받아들이지 않으면 참지 못하는 경향이 많다. 의사표현에 전략 없이 임하고 생각 없이 막말을 하기 때문일 것이다. 의사표현에도 전략이 있다.

1. 다른 사람의 기분에 좌우되지 않는다

침착함을 잃지 않을 때에야 비로소 이성적으로 생각할 수 있고 다른 사람의 공격으로부터 효과적으로 자신을 방어할 수 있다. 상대의 기분에 따라 변하지 않기 위해서는 마음의 보호막을 잘 쳐야 한다.

2. 당당하게 말하자

상대에게 위축된 모습을 보이면 그만큼 상대는 더 무자비하게 덤벼든다. 공격자는 자신의 개성을 마음껏 펼치지 못하는 사람들을 겨냥하는 법이다. 왜냐하면 그런 사람들은 스스로 자신을 약하게 만들기에 싸우지 않고서도 쉽게 이길 수 있기 때문이다. 사냥감이 되지 않으려면 자신감 넘치는 당당한 자세가 필요하다.

3. 강박감에서 벗어나자

공격을 당했을 때 불쾌함이나 무력감에 빠지는 경우가 있다. 이런 것에 강박증을 갖고 있는 사람이라면 심리적 안정을 되찾는 응급처치가 필요하다. 일단 어떤 사람에게 화가 났다면 심호흡을 하고 나서 자신의 주위에 공간을 두며, 시간적 여유를 가져야 한다. 일정 시간이 지나면 본연의 마음자세로 돌아갈 수 있을 것이다.

4. 상대를 제풀에 지쳐 나가떨어지게 하자

상대가 이를 악물고 거품을 물며 덤벼드는 이유는 우리도 같이 화를 내도록 만들기 위해서이다. 이럴 때에는 맞대응하지 말고 상대의 기분이 풀리기를 기다리는 것이 좋다. 이를 위해 첫째로 상대의 자극적인 말을 가슴에 담아두지 말고 무시하라. 둘째로 눈을 부릅뜨고 상대를 뚫어지게 쳐다보며 아무 말도 하지 말고, 오히려 친근하게 웃어주라. 셋째로 상대가 부주의하게 내뱉은 말이라면 아예 무시하고 잊어버리는 것이 좋다.

5. 화제를 바꿔보자

상대의 공격이 강화되면 거기에 신경이 쓰일 수밖에 없다. 이럴 때에는 상대의 공격이 불발로 끝나도록 아무 대꾸도 하지 않고, 오히려 완전히 다른 화제를 끄집어내는 것이 좋은 전략이다.

6. 한마디로 받아쳐라

상대방의 말을 잘 듣다 보면 모순이 발견될 것이다. 그것을 기회로 때때로 순발력 있고 재치 있게 반격하는 것이 좋다. 말을 많이 할 필요는 없다. 한마디면 충분하다. 직설적으로 한마디만 해도 된다. "그래서 어쨌다는 거예요?"

7. 속셈을 쉽게 드러내지 말자

상대는 자신의 공격이 먹히는 것을 기대하면서 계속적으로 공격하기를 즐긴다. 내가 공격당하고 있다는 것을 드러낼 필요는 없다. 오히려 나를 공격하는 것은 쓸데없는 짓이라는 것을 보여주어야 한다. 이럴 때 관련이 없거나 의미 없는 말이나 속담을 함으로써 상대를 혼란스럽게 만드는 것도 괜찮은 방법이다.

8. 되물어서 독기를 빼자

나에게 상처를 주려는 말이 무슨 뜻인지 상대에게 그 즉시 되물어라. 그러면 세 가지의 유익이 있다. 첫째로 상대는 질문에 대해서 내가 납득할 수 있도록 설명해야 하는 상황에 처하게 된다. 둘째로 되묻기를 통해서 시간적 여유를 가질 수 있다. 셋째로 더 이상 상대에게 끌려가지 않고 대화의 주도권을 잡을 수 있다.

9. 마음의 균형을 잃게 하라

상대의 의견을 충분히 이해할 수 있다는 것을 보여주고 나서 자신의 이견을 단호하게 주장하는 것이다. 상대를 칭찬해 궁지로 몰아넣을 수도 있다. 상대의 입지를 좁히는 것이다. 이것은 관대함이 밑받침이 되어야 성공할 확률이 높다. 그렇다고 해서 자신의 주장을 굽히라는 것은 아니다.

10. 감정적으로 받아치지 마라

공격에 대응하는 방법의 선택은 우리에게 달려 있다. 상대의 마음을 직접적으로 바꿀 수는 없지만 침착한 태도는 상대에게 영향을 미친다. 공격을 감정적으로 받아들이지 말고 상대를 자세히 관찰하여 현재 상태를 있는 그대로 지적해 주라. 그리하면 상대는 자신을 객관화할 수 있는 기회를 가지게 된다.

11. 모욕적인 말은 자제하자

모욕적인 말을 듣고 나면 나도 모르게 똑같은 욕설을 내뱉음으로써 상대와 같은 수준이 돼버리기 쉽다. 이럴 때에는 지금까지의 대응태도를 바꾸어서 극단적으로 대치하는 것이 좋다. 상대에게 나를 모욕했던 말이 무엇인지 분명하게 말하고 얼굴을 마주보며 사과를 요구하라. 한계를 명확히 설정하여 그런 식으로 취급하지 말라고 분명하게 말하는 것이 중요하다.

12. 핵심을 명확하게 말하자

상대의 행동에 일일이 대응하는 것은 에너지와 시간 낭비이다. 이럴 때에는 최선을 다해서 진솔하게 무엇이 자신을 아프게 하고 화나게 했는지 간단명료하게 말하라. 상대와 대화의 규칙을 정하고 갈등의 원인을 밝히자. 그리고 내 이야기를 간단하고 구체적으로 말하는 것이 좋다.

출처 : 이창호(2007), 스피치 달인의 생산적 말하기, 북포스

의사표현의 오해를 풀기 위한 10가지 충고

1. 명령하는 듯한 말을 쓰지 마라.(반항을 일으키는 불씨다)

2. 비판보다 칭찬거리를 먼저 찾으라.(칭찬해서 싫어할 사람은 없다)

3. 상대에게 호의를 베푸는 연습을 시작하라.(좋아하려 노력하고 좋아지도록 연습해야 한다)

4. 상대방의 반항을 존중하라.(반항은 단지 존재가치를 느끼고 싶기 때문이다)

5. 싸우지 마라.(말이나 행동에 의한 적대 감정을 피하라. 윽박질러 놓으면 결과는 손해다)

6. 상대방이 틀렸다고 마구 꾸짖지 마라.(틀리고, 나쁜 점을 증명해 보라. 이점은 없다)

7. 큰 소리가 'NO'라는 뜻이 아님을 알라.(80%는 반항함으로써 잊고 만다)

8. '나는 당신이 지금 어떤 기분인지를 압니다'라는 말을 애용하라.(놀라운 효과가 있다)

9. 무언가 질문하고 그 얘기에 귀를 기울여라.(진지하게 자기의 말을 들어주는 사람을 싫어할 사람은 없다)

10. 상대를 위해 기도하고 용서하라.(사랑으로 감싸는 모습을 마음속으로 그려라)

출처 : 한국산업인력공단

Memo

효과적인 의사표현방법

"그릇은 소리로써 깨어진 것을 알고,
사람은 말로써 그의 지식을 알 수 있다."

– 데모크리토스 –

CHAPTER 05
효과적인 의사표현방법

1. 말의 영향력 3요소

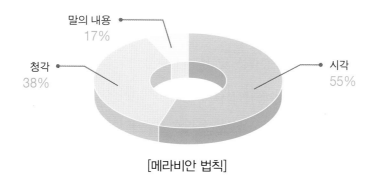

[메라비안 법칙]

    1971년 미국의 UCLA대학교 심리학과 명예교수인 메라비안 박사는 의사소통 영향력에 대한 연구 결과 상대방에게 영향력을 미치는 요소로 시각적 요소(보디랭귀지) 55%, 청각적 요소(목소리톤 등) 38%, 말의 내용은 7%로 조사되었다고 발표하였다. 즉, 효과적인 의사소통에는 표정과 눈빛, 보디랭귀지 등의 시각적 요소가 55%의 높은 영향력을 가지고 있으며 비언어적 요소인 시각적 요소와 청각적 요소가 93%를 차지한다.

1) 시각적 요소

표정, 눈빛, 자세, 움직임, 제스처 등이 시각적 요소에 해당되며, 이는 비언어적 요소로 메시지 전달에서 55%의 영향력을 발휘한다. 시각적 요소는 의사소통에서 가장 큰 영향력을 발휘하는 만큼 상황 및 의도에 맞는 적절한 보디랭귀지의 표현 및 전달이 중요하다.

2) 청각적 요소

목소리, 말투, 말의 빠르기 및 높낮이 등이 청각적 요소에 속하게 된다. 38%의 영향력을 가지며 분위기를 좌우한다. 특히 말투의 경우 잘못된 느낌을 전달했을 때 부정적인 감정을 전달할 수 있는 만큼 각별한 주의가 필요하다.

3) 말의 내용

말하고자 하는 내용으로 7%의 영향력을 가지고 있다. 큰 비중이 아니라 할지라도 대화의 내용이나 성격에 따라 언어적 요소를 효과적으로 표현하는 방법이 필요하다.

2. 비언어적 요소의 의사소통

　의사소통에서는 언어적 요소와 비언어적 요소로 메시지를 전달하게 된다. 하지만 비언어적 요소는 의사소통에서 93%의 영향력을 전달함으로써 언어적인 부분보다 상대방에게 더 큰 메시지를 전달하게 된다.

　사람들은 말하는 사람의 말보다 시각적 요소에 중점을 두며 말하는 사람의 목소리 억양, 말하는 표현법을 통해 이해하게 된다. 또한 말하는 사람의 말과 행동이 매치가 될 때 듣는 사람에게 설득력과 신뢰감을 형성하게 된다. 반대로 말하는 사람의 말과 행동이 일치되지 않으면 말보다 행동, 즉 시각적인 요소를 더 믿게 된다.

　특히, 감정이나 느낌의 전달에서 비언어적 요소는 더 큰 메시지를 전달하게 됨으로써 효과적인 의사소통을 위하여 비언어적 요소를 올바르게 표현할 필요가 있다.

1) 얼굴표정

　얼굴표정은 감정과 느낌 등을 표현하는 데 있어 말과 언어의 표현보다 더욱 강력한 표현수단이 되어준다. 얼굴표정은 눈과 입, 그리고 주변의 근육을 통해 집합적으로 자신의 느낌과 감정을 표현하게 되며, 순간적으로 무의식중에 전달되기도 한다. 또한, 말과 언어를 사용하지 않을 경우에도 얼굴표정은 느낌과 감정의 메시지를 전달하기 때문에 자신의 얼굴표정을 평상시에 관리하며 오해가 생기지 않도록 주의할 필요가 있다.

　가장 효과적인 얼굴표정은 자신이 의도한 감정과 느낌을 잘 전달할 수 있는 얼굴표정이 이루어지는 것이 좋다. 위로의 말을 할 때는 위로의 감정이 표현될 수 있는 표정이 좋으며, 축하하는 분위기에서는 밝은 표정의 연출이 중요하다. 밝은 표정과 상황에 맞는 적절한 얼굴표정을 통해 효과적으로 의사소통할 필요가 있다.

Action

의사소통 시 평소 나의 얼굴표정은 어떠한지 친구 또는 조원들에게 물어보고 자신의 표정에 대해 느낀 점을 작성해 보자.

_____

_____

_____

_____

_____

_____

_____

_____

[표정에 따른 심리적 의미]

표정	상대방이 느끼는 심리
맞장구를 치지 않고 미소가 없다	완곡한 거부나 상대방이 귀찮다는 표시/매너리즘
잠시 미소를 짓다가 곧 미소를 거둔다.	속으로 무언가 계산하고 있는 사람이다./의무적인 미소였다.
갑자기 미소를 중단한다.	쓸데없는 말. 행위에 대한 무언의 경고
상대방을 바라보며 환하게 미소 짓는다.	도움을 드리겠다는 호의
상대방을 보지 않는다.(시선을 피한다.)	상대하고 싶지 않다는 뜻이다. 상대에게 무언가 숨기려는 마음이 있는 경우/지쳤다.
상대를 곁눈질로 쳐다본다.	대화 내용에 불만이 있거나 의문을 품고 있는 것 대놓고 말하기는 어렵지만 뭔가 석연치 않다는 의미
상대를 위·아래로 훑어본다.	상대를 불신하거나 경멸하고 있는 상태
눈을 크게 뜨고 상대를 바라본다. 상대를 오래도록 주시한다.	상대에 대해 강한 흥미나 관심을 느끼고 있는 상태
눈살을 찌푸린다.	의견에 찬성하지 않는다/성가시다.

출처 : 박소연, 변풍식, 유은경(2012). 서비스 리더십과 커뮤니케이션

2) 눈맞춤

눈맞춤은 얼굴표정을 좌우하는 만큼 가장 강력한 메시지를 전달하는 비언어적 요소에 해당된다. 눈맞춤을 통해 교감이 이루어지며 공감을 나타내게 된다. 반대로 올바르지 않는 눈맞춤은 상대방에게 부정적인 느낌을 전달할 수 있는 만큼 주의가 필요하다. 우리나라 사람들은 유교적인 문화로 인하여 눈맞춤을 잘 하지 못하는 경향이 있다. 하지만 눈맞춤을 잘 하지 못하는 비즈니스맨의 경우 상대방에게 신뢰감을 주지 못하며 부정적인 느낌을 전달하기도 한다.

우리의 눈에는 기쁨과 환희, 슬픔과 위로, 감사와 지지 등 많은 감정을 담아내어 표현할 수 있는 만큼 상황에 맞는 눈맞춤을 통해 효과적인 의사소통을 할 필요가 있다.

3) 신체언어(몸짓)

신체언어는 몸, 머리, 팔, 손, 자세 등으로 표현되며 언어적인 요소와 함께 사용되기도 하지만 언어적 요소를 대신해서 표현할 수 있는 만큼 상황과 환경에 맞는 적절한 신체언어를 표현해야 한다. 특히 제스처의 경우 문화적인 배경에 따라 다른 의미를 담고 있으므로 주의할 필요가 있다.

① 문화에 따라 의미가 다른 신체언어

■ ok 동작

엄지와 검지를 동그랗게 모으는 동작으로 이는 우리나라에서 승인, 허락을 뜻하는 의미로 ok를 의미한다. 하지만 프랑스에서는 'ok'가 '0' 즉 가치없음을 의미하기도 한다. 또한 러시아, 터키, 브라질에서는 성적 모욕감을 주는 보디랭귀지로 통하기도 한다.

■ 엄지를 세우는 동작

엄지를 치켜 세우는 동작은 최고라는 의미를 가지고 있지만 서유럽에서는 최고야라는 의미보다는 '숫자1'을 의미한다.

■ 'v'자 신호

우리나라와 다른 나라의 경우 사진을 찍을 때 V자 포즈를 취하는 경우가 많다. V자 포즈를 취할 경우 손바닥이 밖을 향하게 되어 있다. 영국의 경우 V포즈를 할 때 손등이 상대를 향하게 하면 심한 욕설 '나가 죽어라'라는 의미가 된다.

② 호감을 주는 신체언어

■ 악수

현대인들은 비즈니스의 첫 만남에서 악수를 통해
상대방에게 인사를 건넨다. 악수는 신체적 접촉을 통
해 친근감과 호감을 전달하게 된다.

■ 몸을 상대방에게 기울이기

상대방과 의사소통 시 상대방 방향으로 자세를 취하는 것은 호감과 관심을 표현한다.
하지만 지나치게 기울이면 오해를 불러일으킬 수 있으므로 적절하게 상대방향을 향하
여 자세를 취할 필요가 있다.

③ 비호감을 주는 신체언어

■ 팔짱

팔짱을 끼는 보디랭귀지는 상대로부터 자신을 보
호하겠다는 심리가 있으며 상대에 대한 방어와 부
정적인 태도를 나타낸다. 이는 상대에게 심리적으로
장벽을 만드는 동작이다.

■ 다리 꼬기

팔짱을 끼는 보디랭귀지와 함께 상대방에 대한 방어
적인 태도를 나타낸다. 하지만 여성들의 다리를 꼬는 행
동은 일반적인 행동으로 인식되고 있으므로 무조건적인
방어적 행동이라 생각하지 않도록 주의한다.

④ 공간 및 거리

신체언어는 상대방과의 적절한 거리 및 공간의 확보를 통해서 편안한 의사소통이 이루어지게 된다. 초면에 너무 가까운 거리에서 의사소통하게 되면 불편과 불안감을 상대에게 전달할 수 있으므로 친근함과 대화의 성격에 따른 적절한 거리 조절이 필요하다.

홀(E.T. Hall)은 대화 시의 공간에 대해 연구하여 공간이 관계에 중요한 영향을 미친다고 발표하였는데 공간의 종류를 4가지 영역으로 조사하여 발표하였다. 공적 거리는 강의, 발표 등의 공식석상에서 청중들과의 거리로 4~8m, 사회적 대인거리는 동료 간에 편한 의사소통의 공간으로 1.2~4m, 개인적 대인거리는 46~120cm, 친밀한 대인거리는 0~46cm이다.

[동작으로 알아보는 심리적 의미]

동 작	심리적 의미
수직으로 다리 꼬는 자세	불안, 어색하거나 방어적인 태도
다리를 꼬고 서 있는 자세	낯선 사람들 사이에서 긴장하거나 신뢰하지 못할 때
발목을 꼬고 있는 자세	방어적 태도
어깨를 으쓱하는 제스처	상대방 말을 이해하지 못하거나 모름을 표현
대화 중의 눈 마주침	상대방에게 흥미나 매력을 느낀 경우
곁눈질하는 제스처	관심이나 적대감을 전달
눈감은 제스처	싫증이 났거나 관심이 없을 때
팔장을 낀다	지루하다.
다리를 떤다	'도망가고 싶은 심리'를 반영하며, 일종의 불안한 심리를 분출하는 행동
대화 중 발의 방향	상대방에 대한 마음의 방향

출처 : 박소연, 변풍식, 유은경(2012), 서비스 리더십과 커뮤니케이션

Action

	나의 긍정적 보디랭귀지	나의 부정적 보디랭귀지
친구 / 가족		
직장 (일터)		

⑤ 보디랭귀지의 영향력

에이미 커디 박사는 TED강연에서 '신체언어가 그 사람을 결정한다'는 주제로 강연을 했다. 그녀는 강의에서 우리가 취하는 보디랭귀지를 통해 자신의 신체 호르몬의 변화와 함께 자신감에 영향을 미친다고 밝혔다. 에이미 커디 박사는 몸 동작과 마음의 상관관계를 측정하기 위해 피실험자들을 두 그룹으로 나누어 실험하였는데, 첫 번째 그룹에는 기지개를 켜듯 두 팔을 하늘로 뻗거나 다리를 최대한 벌리는 등 힘있는 '하이 포즈(high-power pose)'를 취하게 하였으며 다른 한 그룹에는 소극적인 동작, 즉 주머니에 손을 넣거나 팔짱을 끼거나 웅크린 채 턱을 괴는 '로우 포즈(low-power pose)'를 취하게 했다. 그리고 2분 후 두 그룹의 호르몬 수치를 조사하였다. 두 그룹의 호르몬 수치에 놀라운 변화가 있었다고 한다.

실험 전후에 참가자들의 타액을 채취해서 성분을 분석해 봤더니, 하이 포즈를 취한 사람들은 평균적으로 테스토스테론이 20% 증가하고 코티졸은 25% 감소했다. 이와 달리 로우 포즈를 취한 사람들은 테스토스테론이 10% 감소하고 코티졸이 15% 증가했다. 이 결과는 2분간의 단순한 몸 동작 변화만으로 스스로의 호르몬 수치를 변화시킬 수 있다는 점과 힘있는 자세를 취한 사람들은 호르몬 측면에서 긍정적인 변화가 일어났다고 할 수 있다.

커디 박사는 "우리 몸은 마음을 바꾸고, 우리 마음은 행동을 바꾼다. 또한 행동은 결과를 바꾼다."며 '원더우먼 자세'를 취하여 원더우먼과 같은 당당함을 회복해 보라고 권하고 있다. 하지만 커디 교수 외에도 많은 학자들이 보디랭귀지가 자신감에 미치는 영향력에 대하여 강조하였다.

Action

나의 자신감 있는 보디랭귀지를 만들어보자.

4) 목소리 톤(준언어)

의사소통 시 목소리톤, 어조, 목소리 크기, 고저 등은 말하는 이의 상태, 태도와 느낌을 전달하게 된다. 이러한 언어를 준(準)언어라 하며 대화의 분위기를 좌우하게 된다.

목소리 톤은 말하는 내용과 일치하게 되면 더욱더 신뢰감을 형성하게 되지만, 내용과 일치되지 않는 경우에는 상대방에게 오해를 불러일으키게 된다.

특히, 감정을 전달하게 되는 상황에서 효과적인 준언어의 사용은 자신이 표현하고자 하는 메시지에 대하여 오해 없이 전달할 수 있게 한다.

Action

나의 목소리톤은 어떠한가? 친구들에게 인터뷰를 실시하고 작성해 보자.

3. 당당한 자기 표현

자기 표현은 자신의 느낌과 감정을 전달하는 것을 말한다. 우리는 일상생활에서 어떤 상황과 대상에 따라 감정 혹은 정서, 느낌을 경험하게 되는데 자신의 감정 및 느낌을 요령있게 잘 전달하게 될 경우 상대방에 대한 이해와 공감을 통해 효과적인 의사소통으로 이어질 수 있다.

자신의 감정과 느낌을 제대로 표현하지 못할 경우에는 감정 자체를 부정하거나 숨기게 되는 과정에서 자신의 속마음과는 상반된 행동을 하게 되며 원활한 의사소통이 힘들어지면서 상대방과의 관계에서 불편함을 경험하게 된다.

1) 자기 표현적인 사람 박경록, 이철규(2017), 대인관계 능력, 한올

① 자기의 생각을 전달할 줄 안다.

② 의견표현을 두려워하지 않는다.

③ 요청, 설명을 할 줄 안다.

④ 분노, 애정, 감사, 고통, 자부심의 표현 등 항상 감정표현이 다양하다.

⑤ 자신감이 있다.

⑥ 자신의 두려움을 받아들여 다스릴 수 있는 용기를 가지고 있다.

⑦ 기술을 하나 더 가졌다고 자부한다.

2) 자기 표현적인 방법

I-message로 의사소통하는 사람에게 기대되는 결과는 다음과 같다. 박경록, 이철규 (2017), 대인관계 능력, 한올

① 개인성장 및 상호성장

② 스트레스 대응능력 증대

③ 문제해결의 열쇠로써 활용

④ 사회생활에 대한 긍정적인 태도

⑤ 상호 자존감이 높아짐

3) '나' 메시지 전달법(I-message)

I message는 나를 주어로 상대가 아닌 나에게 초점을 맞추어 자신의 감정과 느낌을 솔직하게 표현할 수 있는 대화기술이다. I message의 표현법은 상대방에 대한 존중의 느낌을 담고 있다. 그렇기 때문에 의사표현 시 메시지에 대한 저항을 줄일 수 있는 표현법으로 갈등을 방지할 수 있다.

예를 들어 '당신이 ~한 행동을 할 때 나는 ~를 느껴요'라고 표현하는 방식이다. 이는 상대방의 행동을 표현하면서 자신이 느끼는 감정을 표현하게 된다. 또는 구체적 행동·사실과 함께 느낌 및 감정을 표현하게 된다. 이는 상대방의 감정을 상하지 않게 전달하면서 자신의 느낌과 감정을 표현함으로써 상대방의 공감을 더욱 불러일으키는 효과적인 표현방법이 될 수 있다. 나 전달법은 크게 네 부분으로 구분할 수 있다.

① 행동 및 사실

상대방의 문제가 되는 특정행동에 대한 구체적이고 분명한 사실에 대하여 말한다.

② 느낌 및 감정

그 행동으로 인해 내가 느꼈던 느낌과 감정에 대해 이야기한다.

③ 영향

행동으로 인하여 나에게 미치는 영향에 대하여 이야기한다.

④ 요구

내가 원하는 요구사항을 이야기한다.

4) '너' 메시지 전달법(You-message)

You message는 상대방에게 초점을 맞추는 대화방식으로 상대방의 잘못된 행동에 대하여 언급하게 된다. You message는 상대방의 욕구보다 자신의 욕구를 더욱 중요하게 생각하는 대화방법으로 상대방으로 하여금 반항과 적대감의 반응을 유발하게 된다.

예를 들어 '당신 때문이다', '네가 ~~이기 때문에'라는 상대의 잘못된 행동에 초점을 맞추게 된다. You message를 통해 상대방은 질책당하는 느낌을 받게 되며 감정적으로 받아들여질 수 있다. 그렇기 때문에 You message를 사용하는 것보다 I message를 사용하는 것이 효과적인 전달법이라 할 수 있다.

	I-message	You-message
개념	나를 주어로 상대가 아닌 나에게 초점을 맞추어 자신의 감정과 느낌을 솔직하게 표현	상대방에게 초점을 맞추는 대화방식으로 상대방의 잘못된 행동에 대하여 언급
사례	1) "나는 네가 늦게 오니까 무슨 나쁜 일이 있었나 걱정했어." 2) • "네가 그렇게 행동하니"(사실, 행동) • "내가 무안하고 무시당하는 기분이었어."(느낌, 감정) • 그래서 한동안 멍하니 아무것도 할 수 없었어. (영향) • 다음부터는 조심해 주면 좋겠어. 그럴 수 있겠니?(결과) 3) "너의 책상이 어질러져 있어 네가 공부에 집중을 잘 하지 못할까봐 염려스럽구나."	1) "넌 언제나 왜 그렇게 늦니?" 2) "너 정말 어이없다." 3) "책상이 왜 이렇게 지저분하니?"

상대방의 구체적인 행동으로 나의 기분이 좋지 않았던 장면을 떠올려보자.
나는 그때 어떤 행동과 말을 하였는가? 언어적 요소와 비언어적 요소로 나누어 살펴보자. 그리고 그 때의 상황에 대하여 I-message로 상대방에게 전달해 보자.

▣ 상방의 구체적 행동

_____

_____

_____

_____

▣ 그때 내가 표현했던 행동과 말은 무엇인가?

• 비언어적 요소

_____

_____

_____

_____

• 언어적 요소

_____

_____

_____

_____

I-message로 상대방에게 전달해 보자.

• 행동 및 사실

_____

_____

_____

_____

• 느낌과 감정

_____

_____

_____

_____

• 영향

_____

_____

_____

_____

• 결과

_____

_____

_____

_____

CHAPTER 05
효과적인 의사표현방법

4. 설득력 있는 의사표현지침 한국산업인력공단 매뉴얼 참조

1) 'Yes'를 유도하여 미리 설득 분위기를 조성하라

　Yes라고 긍정할 때는 몸의 생리구조가 이완되어 외부의 자극을 편안히 받아들이는 부드러운 상태가 된다. 단호하게 거절하는 사람은 NO라는 정신적 준비상태에 놓여 있으므로 거북한 표정이나 자세를 취하는 것이 보통이다. 이러한 사람에게 다짜고짜 자기 의견을 늘어놓으면 오히려 NO라는 정신적 준비상태를 더 강화시켜 줄 뿐이다. 상대방을 설득하는 것이 아니라 NO라는 마음을 더욱 확고히 해주는 꼴이 된다. 이때 먼저 상대방이 긴장을 풀고 반사적으로 'Yes'라고 대답할 수 있는 평범한 질문을 의도적으로 몇 가지 던져보는 것이 좋다. Yes라는 대답을 계속해 나가는 동안 NO라는 정신적 준비상태가 자연히 Yes라는 정신적 준비상태로 바뀐다.

　이때를 포착하여 본론에 들어가면 상대방은 기분 좋게 Yes라고 대답할 것이다. 거절의 이유가 확실한 상대방의 마음을 돌리는 것은 매우 어려운 일이다. 상대방에게 수긍할 수밖에 없는 확고한 거절 이유가 있는 것을 알면서도 용건을 꺼내는 것 또한 매우 어려운 일이다. 이러한 사람은 심리적 방어도 철저해서 "어떻게 좀…" 하면서 부탁해 보아도 서로 간의 거리감만 더 생길 뿐이다. 이처럼 난공불락인 상대의 마음을 돌리기 위해서는 상대방이 거절하는 이유를 찬사의 말로 바꾸어주면 효과가 있다.

yes를 유도할 수 있는 질문에는 어떤 것이 있을까?

• 오늘 날씨가 무척 맑지요? / 오실 때 많이 추우셨죠?
• 지난번 ○○에서 얼굴 뵀었지요?
• ○○회사에 있는 ○○○를 아시나요?

• 그 밖의 친구들과 yes를 유도할 수 있는 질문을 만들어봅시다.

2) 대비효과로 분발심을 불러일으켜라

사물을 판단할 때 우리는 무의식중에 여러 조건을 대비시켜 본다. 이쪽에서 어떤 조건을 제시하면 상대방은 일방적인 상식을 기준으로 그것을 판단하려 한다. 일반적 판단 기준과 제시되는 조건을 대비시켜 그것을 평가하려는 것이 인간의 심리이다. 상대방에게 상식에 벗어나는 조건과 자기가 제시하고자 하는 조건을 동시에 제시해 보라. 이것이 소위 '대비효과'라는 것으로서 큰 손해를 입기보다는 작은 손해를 감당하는 것이 낫다는 심리에서 비교적 손해가 덜한 것을 선택하는 것이다. 아인슈타인의 상대성 이론을 인용하지 않더라도 이 세상에서 일어나는 모든 일은 상대적인 것이다. 따라서 어떤 현상에 대한 절대적인 평가나 판단기준은 있을 수 없다.

3) 침묵을 지키는 사람의 참여도를 높여라

경험 많은 노련한 교사는 결코 아이의 머리를 쥐어박거나 야단치지 않는다. 떠드는 아이의 옆자리 아이를 의도적으로 지명하여 교과서를 읽힌다든지 질문에 답하도록 한다. 그렇게 하면 떠들던 아이는 당황하여 떠들기를 멈추고 수업에 집중한다. 이것은 일종의 간접적 설득이라고 할 수 있다. 직접 하지 않아도 스스로 떠들기를 멈추고, 또 다른 아이들에게도 쓸데없는 긴장감을 주지 않으므로 아주 좋은 방법이라 생각한다. 이 기법은 회의에서도 많이 이용된다. 회의에서는 흔히 있는 일이지만, 참석한 사람이 많을수록 발언하는 사람만 계속 발언한다. 심리기법 가운데 발언시키고 싶은 사람을 직접 지명하지 않고 일부러 그 좌우에 앉아 있는 사람에게 집중적으로 의견을 묻는 방법이 있다. 자기의 옆사람이 발언하면 무관심하게만 앉아 있을 수 없는 것이 사람의 심리이다. 이처럼 희생양을 내세워 시범을 보이고 그것을 본보기로 삼아 상대방을 설득하는 수법은 일상생활에서 흔히 있는 일이다. 중간 관리자가 부하 직원을 다루기 위해 자주 쓰는 방법인데, 실수를 범한 부하 직원에게 직접 주의를 주지 않고 일부러 다른 부하 직원을 꾸짖음으로써 그를 깨우치게 하는 방법이다. 이것을 심리학에서는 '암묵적 강화법'이라고 한다. 꾸짖으려는 대상을 직접 꾸짖는 것보다 더 효과가 있을 수 있다.

4) 여운을 남기는 말로 상대방의 감정을 누그러뜨려라

우리는 집요한 항의나 요구에 압도되는 경우가 자주 있다. 듣는 쪽에서는 정말 어이없는 일이어서 그런 요구를 도저히 들어줄 수 없는데도 상대방은 상당히 강경하게 자기의 요구가 부당한 것이 아니라고 우길 때, "잘 알겠습니다."라고 더 이상 말을 꺼내지 못하게 한다. 사실 '알겠습니다'라는 말에는 미묘한 뉘앙스가 담겨 있다. 말하는 편에서 보면 당신이 무엇을 말하려 하는지 알겠다는 의미이지만, 그렇다고 확답이나 승낙의 의미까지 포함하는 것은 아니다. 이러한 언어적 트릭을 사업상의 분쟁에 사용하면 효과적으로 대처할 수 있다.

5) 하던 말을 갑자기 멈춤으로써 상대방의 주의를 끌어라

강연을 하다가 어수선할 때 의식적으로 말소리를 낮추면 오히려 청중들이 귀를 기울인다. 강연이 아닌 개인과 개인의 대화에서도 마찬가지다. 한 사람은 열심히 말을 하는데, 전혀 맞장구도 치지 않고 관심을 보이지 않는 사람이 있다. 그런 태도로 나오는데도 이쪽 말만 계속하면 상대방은 대수롭지 않게 여기고 딴전만 부린다. 심리적으로 상대방이 우위에 있을 때 이런 경우가 많다. 말하는 사람이 집요하게 매달릴수록 상대방은 더 무시하는 태도를 취한다. 이쪽이 얼굴을 붉혀서 설득하려할수록 상대방은 쇠 귀에 경 읽기로 더욱 쌀쌀한 태도로 나온다. 이미 이쪽의 이야기는 상대방에게 단순한 배경음악으로밖에 들리지 않아 아무리 설득해도 소용이 없다.

이럴 때 이야기하는 도중에 소리의 크기를 갑자기 낮춘다든지, 얼마간 말을 멈추거나 하여 소리에 변화를 주면 귀를 막고 마음의 문을 닫아두고 있던 사람이라도 작은 목소리를 내거나 하면 먼저 반응을 보이면서 마음의 문을 열게 된다. 상대방이 스스로 이야기를 들으려는 자세를 취했을 때 설득을 시도해야 효과적이다.

6) 호칭을 바꿔서 심리적 간격을 좁혀라

일반적으로 사람들은 심리적 거리가 멀다고 여기기 때문에 마음의 문을 잘 열지 않는다. 따라서 고의적이라는 인상을 주지 않는 범위 내에서 친근감 있는 호칭을 사용하면 의외로 빨리 심리적 거리감을 좁힐 수 있다. 반대로. 상대방의 마음을 상하게 하지 않고 요구를 거절할 때는 의식적으로 존경어를 사용함으로써 상대방과의 사이에 심리적 거리감을 두는 방법이 효과적이다. 이처럼 우리는 인간관계가 소원하면 무의식중에 존경어를 사용한다. 따라서 친한 사이에 의식적으로 존경어를 사용하는 것은 상대방과의 심리적 접촉을 피하려는 완곡한 의사표현이라고 할 수 있다. 상대방이 처음에는 서먹서먹하게 느낄지 모르지만, 심리적 거리감이 생겼다는 것을 알게 되면 무리한 요구는 하지 않을 것이다.

7) 끄집어 말하여 자존심을 건드려라

비즈니스에서 협상 상대와의 관계는 갑작스레 가까워질 수가 없다. 이러한 관계는 서로 상대방의 눈치를 살피거나 속마음을 떠보는 등 표면적인 수준에 지나지 않는다. 그러나 이런 관계가 지속되면 협상이나 상담은 좀처럼 진전되지 않는다. 그럴 때 보통 때라면 도저히 할 수 없는 상대방의 성격적 결함이나 단점을 넌지시 지적해 주는 것도 하나의 방법이 될 수 있다. 예를 들어 "걱정하시는 이유는 알겠지만, 왜 그렇게 나쁜 쪽으로 성급하게 결론을 내리려고 하십니까?"라든지 "실례지만, 너무 지나치게 따지는 것 같은데요."라는 식으로 말하면, 겉치레 인사만 들어오던 상대방에게는 오히려 신선한 놀라움을 줄 것이다. 그 순간부터 당신에 대한 상대방의 평가도 지금까지와는 달라질 것이다. '나의 그런 면까지 주시하고 있다는 말인가?'라는 생각을 상대방이 가진다면, 그것은 그의 마음속에 당신에 대한 신뢰가 싹튼다는 것을 말한다. 이러한 지적을 함으로써 형식적이었던 관계가 서로 허물없이 마음을 터놓는 방향으로 움직이기 시작할 것이다.

그러나 상대방의 잘못을 지적하고 비판할 때는 말씨나 표현에 주의해야 한다. 헐뜯으려는 것이 아니라 애정이 담긴 충고라는 이미지를 남기는 것이 중요하다. 아울러 이럴 때 무리한 충고를 하지 말고 '어차피 당신은 알아주시지 않겠지만', '어차피 받아들이지 않을 것이므로 말씀드리지 않겠습니다.'라고 말하는 등 변죽을 울리는 것이 필요하다.

즉, 상대방에게 설득 불가능의 선입견을 표시함으로써 상대방이 반사적으로 그 선입견을 없애기 위한 심리적 요인을 작동시키게 한다. "완고하다", "벽창호다"라는 평가를 붙이면 "그렇지 않다"라고 반발하는 것이 인간의 심리이다.

8) 정보전달 공식을 이용하여 설득하라

정보전달 공식을 이용하면 자기와 라이벌 관계에 있는 사람에 대한 나쁜 평가를 유도해 내기 쉽다. 마치 다른 사람에게서 들은 것처럼 제3자에게 "이런 이야기가 있는데 정말일까?"라는 식으로 말하는 것이다. 사람은 직접 이야기를 들어서는 믿지 못할 것도 전혀 이해관계가 없는 제3자에게서 듣게 되면 더 잘 믿는 경향이 있다. 그렇다고 이런 기법을 악용하여 절대 다른 사람을 기만해서는 안 된다. 처음부터 큰 전류를 흐르게 하면 충격을 크게 느끼지만, 서서히 전류의 강도를 높이면 그렇게 충격을 느끼지 않는다. 마찬가지로 심리적인 충격도 작은 것에서 점점 큰 것을 경험하면 언젠가 큰 충격이 와도 그렇게 크게 느끼지 않는다.

9) 상대방의 불평이 가져올 결과를 강조하라

논란이 되는 문제를 상당히 중대한 것처럼 강조하면 상대방은 사건의 중대성에 놀라 불평을 누그러뜨린다. 그 순간을 놓치지 않고 사리에 따라 설명하면 상대방도 자기의 실수라고 솔직히 인정한다. 노사분규에서 노사 간에 타협점을 찾지 못하고 교착상태에 빠지는 경우가 많다. 조합원이 자기의 주장이나 요구 등을 굽히지 않는 것은 그 요구가 정당하며 타당하다고 믿기 때문이다. 그런 요구를 물리치기 위해 경영자가 사용하는 작전의 하나는 먼저 그 요구가 부당하고 지나치다는 것을 이해시키는 방법이다. 그 요구가 정당한 것이냐 부당한 것이냐 하는 것은 어차피 주관적이고 상대적이기 쉽다. 그럴 때는 요구를 하는 상대방보다 훨씬 비참한 사람, 불행한 사람을 예로 들어준다. "내가 잘 아는 회사가 얼마 전에 도산했다고 하네. 불황이어서 다시 취직할 길도 없고 하여 사원들은 불안한 나날을 보내고 있는 모양이야."라고 말하면, 조합 측에서는 이러한 비교에 대해 자신들은 아직 형편이 더 낫다고 생각하게 되면서 자기들의 요구가 너무 지나치다는 것을 깨닫고 기세를 누그러뜨릴 것이다.

10) 권위 있는 사람의 말이나 작품을 인용하라

일반인들은 신문이나 잡지 서평에서 권위 있는 사람이 추천하는 책은 좋은 책이라는 생각을 하게 된다. 이것은 일종의 착각이다. 우리는 추천된 책과 추천자의 권위를 무의식적으로 동일시하고 있다. 이러한 심리는 일상생활의 여러 장면에서 나타난다. 텔레비전의 광고나 홍보 포스터에 저명인이나 권위자를 등장시키는 것도 똑같은 심리학적 원리를 응용한 것이라고 할 수 있다. 광고의 수신자는 선전되는 상품과 등장인물의 이미지를 심층심리에서 일치시켜 인지한다. 이러한 심리적 효과는 절대적인 힘을 가진다. 그러므로 설득에 뛰어난 사람은 권위 있는 사람의 말이나 작품을 인용하여 자신의 말을 정당화시킨다. 그러나 이 기법을 사용할 때 의외로 주의할 점이 많다. 예를 들어 텔레비전 광고에서 선전하려는 상품과 등장인물의 이미지가 합치되지 않으면 오히려 역효과를 낸다는 것이다. 이처럼 저명인이나 권위자를 내세워 자기 말을 정당화하려 할 때는 상대방이 무엇을 기대하고 무엇에 약한가를 사전에 면밀히 조사해 두어야 한다.

11) 약점을 보여주어 심리적 거리를 좁혀라

설득하려는 상대방의 심리적 에너지나 감정상태를 잘 파악하여 자신의 주장을 펼치는 것이 설득에서는 매우 중요하다. 설득하는 쪽이 실수 하나 없이 좀처럼 약점을 보이지 않는 우위의 입장에 있으면 상대방은 마음의 벽을 더욱 단단히 쌓아 마음의 문을 열지 않게 된다. 이러한 경우에는 일시적으로 자신의 약점을 털어놓아 상대방에게 우월감을 갖게 하는 기법이 필요하다. 이때 주의할 점은 어디까지나 약점을 진정으로 털어놓을 것이 아니라 제스처에 불과한 정도로 드러내야 한다는 것이다. 실제로 인간의 심리는 묘한 것이어서 약점을 지적받기 전에 본인 스스로가 그것을 인정하고 나오면 상대방은 그 약점에 무관심해진다. "지루하신 것 같은데요"라고 말함으로써 자기 이야기의 지루함을 감출 수도 있고, "되풀이되는 것 같지요?"라고 말하여 이야기의 단조로움을 어느 정도 줄일 수는 있다. "극단적인 이야기 같습니다만"이라고 전제해 두면 듣는 사람에게 극단적인 인상을 주지 않게 된다. "어디까지나…", "…같습니다만"이라고 모호하게 말하는 것이 이 기법의 요점이다. 열등의식과 지나친 경계심을 가진 상대를 설득하기란 대단히 어렵다. 갈수록 마음의 벽이 두꺼워져 좀처럼 마음을 열려고 하지 않기 때문이다. 이러한 마음의 벽을 무너뜨리려면 그 사람만 열등한 것이 아님을 인식시켜야 한다.

12) 이상과 현실의 구체적 차이를 확인시켜라

가정에서도 용돈 인상 요구, 귀가시간 연장 요구 등의 구체적 문제로 자녀들의 요구가 거세지는 경우가 많다. 이때 그들은 눈앞의 현실에만 집착하여 자신의 주장만을 늘어놓을 것이다. 그런 이들은 평범한 설득으로는 물러서려 하지 않고 잔뜩 벼르고 있으므로 논리적인 설득도 별반 효과가 없을 것이다. 구체적이고 현실적인 요구의 밑바탕에 있는 보다 근본적이고 추상적인 문제를 이끌어내는 것이 좋다. 예를 들어 용돈을 많이 올려주기를 바라는 자녀들에 대해서는 성인이 될 때까지 드는 비용이나 불황에 허덕이는 경제, 가정 경제와의 관계, 또 그들이 해야 할 본분 등의 기본 문제를 들려준다. 이런 식으로 자신의 요구가 현실과 괴리되어 있다는 점을 서서히 인식시켜 주는 것이다. 이상과 현실의 격차를 메우는 방편이 바로 내용이다. '내용만으로 살아가면 될 것 아니냐'라는 말도 성립될 수 있을 것 같지만, 이상이 현실에 부딪치면 결국 방향 전환을 해야 하므로 내용만으로 살아가기도 어렵다. 이상을 내세우는 사람에게 반론을 제기하기 힘든 가장 큰 이유는 그것이 궁극의 목적이라고 우기기 때문이다. 그릇된 이상은 내용은 거부하면서 형식은 받아들이려 한다. 그렇다면 '(이상)=(형식을 내용으로)=(형식)'으로 되돌리면 되지 않겠느냐는 것이다. 이것은 상대방으로 하여금 이상을 구체적으로 설명하게 하는 기법이다.

13) 자신의 잘못도 솔직하게 인정하라

자기 주장을 굽히지 않는 상대방에게는 '밀어서 안 되면 당겨보라'라는 전략을 사용하는 것도 한 가지 방법이 된다. 자기 주장을 일단 양보하여 의견의 일치를 보이는 자세를 취함으로써 강경한 태도를 굽히지 않던 상대방을 결국 이쪽으로 끌어올 수 있다. 회사에서는 누군가의 제안에 논리적인 근거 없이 반대를 위한 반대를 하는 심술꾸러기에서부터 그날의 기분에 좌우되어 반대하는 이해심 없는 사람까지 여러 종류가 있다. 의논이라는 것은 대립하면 할수록 반대 의견을 가진 사람은 더한층 강한 반대 의사를 나타낸다. 따라서 이러한 사람을 설득하여 자기 뜻에 따르도록 하려면, 일단 자기 의견을 양보하여 상대방의 의견에 따르는 체하는 것이 효과적이다. 이쪽이 자기 주장을 부정하고 상대방의 주장을 따르는 듯한 자세를 취하면 상대방도 자기 주장만 내세울 수 없게 된다. 다시 말하면, 분위기가 반전되어 이쪽이 주도권을 쥘 수 있는 상황으로 바뀐다. 공격형인 사람을 설득한다든지 그의 집요한 추궁에서 벗어나려면 먼저 이쪽에서 솔직히 인정하는 것도 하나의 방법이다.

14) 집단의 요구를 거절하려면 개개인의 의견을 물어라

일단 상대방의 입장에 서서 지금까지의 노고를 치하할 필요가 있다. 상대방에게 있어 가장 견디기 힘든 것은 지금까지 열심히 해온 일을 대수롭지 않게 여기는 때이다. 그래서는 설득하기가 어려울 수밖에 없다. 그러므로 "당신들이 열심히 해온 것을 잘 압니다. 그러나 문제가 있는 것도 사실입니다."라고 강조하는 것이 중요하다. 그리고 "지금까지 애써 왔지만 보다 완벽한 것이 될 수 있도록 한 번 더 노력해 주기를 바랍니다."라고 부탁하면 상대방은 지금까지의 노력이 허사가 되지 않게 하기 위해서 보다 전향적인 자세로 이쪽의 요구에 응하게 된다.

15) 동조심리를 이용하여 설득하라

인간은 동조심리에 의해 행동하는 경우가 많다. 한마디로 말하면 대부분의 다른 사람들과 같은 행동을 하고 싶어하는 심리이다. 이것은 유행이라는 현상을 생각하면 쉽게 알 수 있다. 다른 사람들과 같아지고 싶은 충동이 유행을 추구하게 만든다. 사람들끼리 다툰다거나 반감을 가지고 있을 때는 이러한 동조심리가 작동하지 않는다. 회사에 불만이 가득한 부하 직원이 있다고 하자. 이런 부하 직원을 회사 일에 적극적으로 협조하게 만들려면 그와 공동의 적을 만드는 방법이 있다. "이번에도 실적이 떨어지면 자네와 나는 지방 영업소로 밀려나겠지?"라는 식으로 가상의 적을 만들면 동조심리가 적용하여 불평만 늘어놓던 부하 직원은 상사에게 협력하게 된다. 또한 라이벌 의식을 부추기는 것도 한 가지 방법이다. 좀처럼 협력하지 않는 상대를 설득시키려면 공동의 적을 만들어 함께 방어할 생각을 가지게 하면 효과적이다. 이쪽에서 열심히 설득하면 '자기 넋두리만 늘어놓고 있군.' 하면서 오히려 반발심을 가진다. 이러한 유형의 사람은 '자아'라는 방벽을 튼튼히 쌓아두고 있으므로 어떤 설득에도 움직이려 하지 않는다. 이러한 사람을 설득하기 위해서는 '우리'라는 표현을 자주 사용함으로써 서로 공통점이 있다는 것을 깨우쳐주어야 한다. 이런 타입은 자아에 민감하고 귀속의식도 강하므로 '우리'라는 말을 자주 쓰면 이쪽으로부터 강요받고 있다는 생각을 가지지 않게 된다. 다시 말하면 강요받기를 싫어하는 상대방에게는 이쪽의 주관만 내세우지 말고 공동의 목표를 찾아보자고 회유해야 한다. 남녀 사이라면 '나와 당신'이나 '나와 너'가 아니라 '우리'라고 하는 것이 상대방에게 일체감을 주어 설득력을 높일 수 있다. 상대방이 자아가 강한 사람이 아니라 할지라도 설득하려는 당신이 '자기만 아는 사람'이라는 평을 받지 않으려면 의식적으로 '우리'라는 말을 사용하는 것이 좋다.

16) 지금까지의 노고를 치하한 뒤 새로운 요구를 하라

한편 "당신이 불쾌하게 생각하시리라는 것을 알면서도…"라고 한마디 하면 상대방도 힐책하고 싶은 생각이 사라진다. 상대방이 미리 예상하고 있는 감정을 그대로 드러낸다는 것이 우스꽝스럽다는 생각이 들기 때문이다. 자기의 태도가 미리 드러나게 되면 방어본능에서 '나는 절대로 그렇게 하지 않는다.'라는 심리가 작용한다. 그에게는 '상대방에게 감정을 그대로 드러내 보일 정도로 나는 째째한 사람이 아니야'라는 자존심도 있다. 이러한 몇 가지 요소가 더해지면 아무리 이야기 내용이 불쾌해도 불쑥 화를 내지 못한다. 이처럼 상대방이 당연히 느낄 것이라고 생각되는 감정을 이쪽에서 미리 밝혀 감정을 드러내지 못하게 한 뒤 본론에 들어가면, 상대방은 아주 불쾌하게 신경을 건드리는 내용도 비교적 냉정하게 받아들인다.

17) 담당자가 대변자 역할을 하도록 하여 윗사람을 설득하게 하라

예를 들어 당신의 회사에서 개발한 신제품을 판매하기 위해 거래처를 방문했다고 하자. 아무리 찾아가도 담당자가 좀처럼 반응을 보이지 않는다. 본인 마음대로 결정을 못 하기 때문이다. 이런 때는 우선 담당자의 윗사람이 어떤 타입의 인물인가를 파악해야 한다. 그런 후에 "당신의 과장님은 숫자에 밝으시니까, 이런 숫자를 제시하면 당신을 다시 보게 되고 칭찬해 주실 것입니다."라는 식으로 윗사람을 설득하기 위한 힌트를 준다. 구체적인 방향을 제시하면 담당자는 단순한 전달 역할만 하는 것이 아니라, 세일즈맨 측의 대변자로서의 역할도 하게 된다. 이러한 설득기술을 교묘하게 구사하여 성과를 거두어야 뛰어난 세일즈맨이다.

18) 겉치레 양보로 기선을 제압하라

자기 논리의 약점을 인정함으로써 이론가처럼 자신하는 상대방을 설득하는 전략으로 설득이 교착상태에 빠진 때에는 겉치레 양보가 주효할 수 있다. 교착상태란 서로가 양보하지 않겠다고 팽팽히 맞서는 상태를 말한다. 이럴 때에는 모양만 갖출 정도로 양보하면 된다. 무엇보다도 상대방의 기선을 제압하여 양보하는 것이 비결이다. 그렇게 하기 위해서는 처음부터 어느 정도의 복선을 깔아둔다. 즉, 필요 이상으로 많은 요구를 해놓고는 "이것도 양보하고 저것도 양보하겠습니다. 그러나 이것만은…"이라고 하여 자기가 바라던 선을 지키는 방법이다. 예를 들어 상대가 도저히 지급할 수 없다고 할 때 지불기일을 연기해 주거나 분할하여 지급할 수 있도록 해준다거나 절차를 간단하게 해주는 식의 겉치레 양보를 함으로써 결국 상대가 지급하도록 만드는 것이다.

19) 변명의 여지를 만들어주고 설득하라

적극성 없이 우물쭈물하는 태도를 취하는 사람이라고 생각되면, 변명할 여지를 미리 만들어주어 책임감을 덜어줄 필요가 있다. 그런 다음 이야기를 진전시켜 나가면 이런 유형의 사람은 의외로 쉽게 설득된다. 우물쭈물하면서 책임을 전가하려는 사람에게는 한 방향으로 밀어붙이기보다는 빠져나갈 여지를 미리 만들어주는 것이 설득에 더 효과적이다. 말하자면 이것은 시간차 공격인데, 이런 인간관계 기법은 오랫동안의 체험에서 터득해야 한다. 전날 밤 온갖 생각을 다 짜내어 연애 편지를 썼는데, 그 다음날 읽어보니 도저히 창피하여 보내지 못한 경험은 누구에게나 한 번쯤 있는 일이다. 시간을 늦춤으로써 자기를 객관적으로 살펴볼 수 있었기 때문이다. 상대방의 반론을 봉쇄하고 이쪽의 주장을 관철하려 할 때도 이러한 인간의 심리를 이용하면 효과가 있다. 이처럼 적극적이지 못한 사람에게는 먼저 상대방의 이야기를 잠자코 들어주는 것이 필요하다. 그 뒤에 적당한 시간을 선택해서 자기 주장을 펼친다. '서두르면 일을 그르친다.'라는 속담처럼 냉각기간을 두는 것이 마음먹은 대로 일을 진척시킬 수 있는 지름길이다.

20) 혼자 말하는 척하면서 상대의 잘못을 지적하라

예를 들어 한겨울에 난방이 너무 잘 되어 사무실 안이 덥다고 하자. 이럴 때 다른 사람들은 보통 "창문 좀 열지 그래,"라고 하지만 그는 그렇게 하지 않는다. 무척 더운 표정을 지으며 "왜 이렇게 덥지?"라고 혼잣말을 한다. 이것을 두 번 정도 반복하면 가까이 있는 여직원이 창문을 열게 된다. 꾸중을 들어도 별로 반성할 기미가 없는 사람들은 구체적인 대상에 대하여 꾸짖는 것이 아니라 막연하게 혼잣말을 하는 식으로 꾸짖을 때 더 잘 알아듣는 경향이 있는 것 같다. 설득해야 할 상대에 따라서는 얼굴을 마주하고 설득할 수 없는 경우가 자주 있다. 상대가 선배라거나 신세를 진 사람일 때는 독백작전이 효과적이다. 다른 사람을 나무란 경험은 누구에게나 있겠지만 상대방을 반성하도록 만들기란 매우 어렵다. 우리는 보통 "어떻게 그럴 수 있어, 약속도 지키지 않고", "그래서 그렇게 주의를 주었는데도." 등 계속 꾸짖으며 말로 이해시키려 한다. 그때 상대방이 조금이라도 반항적인 태도를 보이면 "뭐야, 조금도 반성하고 있지 않잖아"라고 계속 잔소리를 하게 된다. 그러나 심하게 나무라면 나무랄수록 상대의 반발심은 더욱 커진다. 너무 말을 많이 해도 오히려 반발심을 불러일으킨다. 그것이 서로의 신뢰관계를 붕괴시켜 돌이킬 수 없게 되는 경우도 있다. 이처럼 빗나가는 상대에게는 그 에너지를 다른 곳으로 돌리게 하는 방법이 필요한데, 여기에는 독백작전이 효과적이다. 그렇게 되면 반발 에너지는 반성 에너지로 바뀐다.

Memo

Chapter

06

질문과 코칭

"가장 중요한 것은 질문을 멈추지 않는 것이다.
호기심은 그 자체만으로도 존재 이유를 갖고 있다.
영원성, 생명, 그리고 현실의 놀라운 구조에 대해
숙고하는 사람은 경외감을 느낄 수밖에 없다.
매일 이러한 비밀의 실타래를
한 가닥씩 푸는 것만으로도 충분하다.
신성한 호기심을 절대로 잃지 말아라."

― 알버트 아인슈타인 ―

CHAPTER 06

질문과 코칭

1. 질문

1) 질문의 개념 및 중요성

우리는 하루에도 수많은 생각을 한다. 이러한 생각들은 자신을 행동으로 이끌어가게 하는 시작이 되어주기 때문에 어떤 생각을 하느냐는 중요하다. 그런데 질문은 바로 그 생각을 좌우하게 된다. 자신에게 또는 상대에게 어떤 질문을 던지느냐에 따라 그 사람의 생각을 좌우하며 선택된 생각에 따라 그 사람을 행동으로 이끌어가기 때문이다.

동기부여 강사인 도로시 리즈는 그의 저서『질문의 7가지 힘』에서 다음과 같이 질문의 힘과 효과에 대하여 언급하였다.

- 질문을 하면 답이 나온다.
- 질문은 생각을 자극한다.
- 질문을 하면 정보를 얻는다.
- 질문을 하면 통제가 된다.
- 질문은 마음을 변화시킨다.
- 질문은 귀를 기울이게 한다.
- 질문에 답하면 스스로 설득이 된다.

2) 질문의 종류

질문에는 바람직한 질문과 피해야 할 질문이 있다. 바람직한 질문에는 열린 질문, 긍정 질문, 미래질문 등이며 피해야 할 질문에는 닫힌 질문, 부정질문, 과거질문 등이 있다.

■ 열린 질문 Vs 닫힌 질문

열린 질문은 다양한 대답을 이끌어내는 질문인 반면 닫힌 질문은 예/아니오 또는 단 답형으로 대답하게 하는 질문이다. 열린 질문을 받게 되면 생각과 의견 등을 자유롭게 말할 수 있게 되며, 사고력을 키우는 질문법으로 창의력을 만들게 한다. 반대로 닫힌 질 문은 예/아니오, 단답형으로 대답하기 때문에 선택의 폭이 좁으며 새로운 생각과 아이 디어를 이끌어내지 못하는 단점을 가지고 있다. 열린 질문을 통해 여러 의견과 다양한 생각을 들어볼 수 있도록 적용해 보자.

열린 질문	닫힌 질문
"예"또는"아니오" 이상의 대답을 유도	"예" "아니오" 또는 단답형의 대답을 유도
상대가 말하는 것이 목적이며 다양한 생각과 의견을 유도	상대방의 말과 방향을 제한하며 구체적인 정보를 원할 때
과장님, 어떻게 하면 일을 더 잘할 수 있을까요?	○○씨, 오늘 부장님께서 지시하신거 다 했나요?

팀　　장 : 지난번 보고서 오늘까지 완료하라고 했는데 다 했나요?

나 팀원 : 아직, 완성하지 못했습니다.

팀　　장 : 아직 못했다고요? 큰일이네.~~

　　　　　이번달 말에는 사장님 보고가 들어가야 하는데… 그렇다면 이번주 금요일까지는 가능해야 합니다. 금요일까지 가능하겠어요?

나 팀원 : 네… 지금 어려운 부분이 있습니다만, 금요일까지 완성하도록 하겠습니다.

팀　　장　: 지난번 보고서 오늘까지 완료하라고 했는데 다 했나요?

나 팀원　: 아직, 완성하지 못했습니다.

팀　　장　: 아직 못했다고요? 아직 못한 이유가 있을까요?

나 팀원　: 네… 작년도 ○○팀에서 보내준 자료에 오차가 생겨서 그 부분에 대한 정확한 조사가 필요해서 시간이 소요되고 있습니다.

팀　　장　: 아~ 그렇군요. 그럼, 그 문제를 해결하기 위해서 어떻게 하면 좋을까요?

나 팀원　: 해당부서에 다시 문의를 해야 하는데, 제가 직접 찾아가 볼 예정입니다만, 팀장님께서 해당 부서에 전화해 주시면 더욱 쉽게 해결될 수도 있을 것 같습니다.

팀　　장 : 아~ 그렇군요. 그럼, 제가 오늘 ○○○팀 ○○○씨한테 전화해서 확인해 보도록 할게요.~

나 팀원 : 감사합니다. 그 부분만 해결되면 바로 내일 완성될 수 있을 것 같습니다.

■ 긍정질문 Vs 부정질문

긍정질문은 질문 시 긍정적인 관점에서 긍정적인 부분에 대한 언급과 함께 질문을 하는 방법이다. 이를 통해 질문을 받게 되면 긍정적인 관점에서 생각하게 되며 자신의 긍정적인 부분과 장점을 생각하며 밝은 에너지를 통해 문제해결 등 긍정적 방안을 모색하게 된다. 반대로 부정적인 질문은 부정적인 관점에서 단점을 언급하며 질문하는 방법으로 에너지를 저하시키게 된다.

긍정형 질문	부정형 질문
긍정적 관점에서 장점 및 긍정적인 부분 언급	부정적 관점에서 부정적인 부분과 단점을 언급
밝은 에너지를 통해 문제해결 등 긍정적 방안 모색	부정적인 느낌을 전달하며 자신감 하락
당신이 하는 일 중에 가장 자신 있는 일은 무엇인가요?	당신이 하는 일 중에 가장 자신 없는 것은 무엇이 있나요?

긍정질문

팀　　장 : 동기 ○○씨랑 잘 지내기 위해서 어떤 방법이 있을까?

나 팀원 : 동기 ○○씨는 독립적인 스타일이기 때문에 그녀가 하고자 하는 것을 지지해 주고 응원해 주는 방법이 필요한 것 같습니다.

팀　　장 : 그래요, 그럼 두 분이 함께 일하면 어떤 장점이 있는 거죠?

나 팀원 : 그녀는 독립적인 스타일에 긍정적이기 때문에 저에게도 에너지를 전달할 수

있어서 시너지가 날 것 같습니다.

팀　장 : 아, 그래요~ 그럼, 두 분이 함께 좋은 팀웍을 발휘해 보시기 바랍니다. 기대
　　　　합니다.

팀　장 : 동기 ○○씨랑 일을 하는 데 힘든 부분이 어떤 점인가요?

나 팀원 : 예, ○○씨는 일할 때 자신이 하는 일은 잘 하지만 협조를 해야 하는 부분에
　　　　서 잘 맞지 않는 점이 있습니다.

팀　장 : 아~ 그래요? 그럼, 함께 일하게 되면 업무에 어떤 부정적인 영향을 미치는
　　　　거죠?

나 팀원 : 협조가 잘 되지 않기 때문에 업무가 느려질 것 같습니다. 그리고 제가 답답
　　　　해서 업무의 능률이 올려지지 않을 것 같습니다.

팀　장 : 아~~ 큰일이군요.…

■ 미래질문 Vs 과거질문

　미래질문은 미래에 초점을 맞추어 질문을 하는 것이고 과거질문은 과거에 초점을 맞
추어 질문을 하는 것이다. 미래질문은 질문의 초점이 미래를 향하기 때문에 미래에 대
한 해결책과 방안에 대하여 생각하게 되며 과거형 질문은 변명이나 핑계의 답변 등으로
생각의 폭을 제한시키게 된다.

미래질문	과거질문
미래에 초점을 맞추어 질문	과거에 초점을 맞추어 질문
미래질문에 대한 해결책과 방안 마련	과거 사건에 대한 변명이나 핑계의 답변
창의적 생각을 가능하게 함	생각의 폭을 제한

미래질문

팀 장 : 그래, 앞으로 동기 ○○○씨와 어떻게 지내는 게 좋겠나?

나팀원 : 동기이니만큼 서로에게 힘을 주고 지지해 주는 관계가 되도록 하겠습니다.
그리고 일을 할 때도 좋은 팀웍을 이루어서 성과를 낼 수 있도록 하겠습니다.

팀 장 : 그럼, 좋은 팀웍을 만들기 위해서 무엇을 할 예정인가?

최유리 : 하루에 한번씩 저희는 소통할 수 있는 시간을 갖기로 했습니다. 그래서 업무
적인 것뿐만 아니라 여러 가지 이야기로 친해질 수 있도록 하겠습니다.

과거질문

팀 장 : 지난번 동기 ○○○씨와 사이가 안 좋아보였는데… 그때 무슨 일 때문이었지?

나팀원 : 아… 그때 ○○씨가 자신이 낸 의견을 끝까지 굽히지 않았었습니다.
그때 저의 의견도 좋은 의견이었는데… 자신의 의견을 굽히지 않더라고요.
그래서 저도 정말 화가 났었어요.

팀 장 : 그렇군, 그때 정말 분위기가 안 좋아 보였어!

나 팀원 : 아… 예… 서로가 고집이 있어서요.…

3) 좋은 질문

구체적이고 본질적인 질문

『질문의 힘』의 저자 사이토 다카시는 그의 책에서 가장 좋은 질문은 무엇인가에 대하여 구체적이고 본질적인 질문, 머릿속을 정리해 주는 질문, 현재와 과거를 연결하는 질문이라 답하였다. 그리고 질문이 구체적인가, 추상적인가, 그리고 본질적인가, 비본질적인가에 따라 다음 네 가지 유형의 질문으로 분류하였다.

비본질적인 질문과 본질적인 부분, 그리고 구체적인 질문과 추상적인 부분으로 나누어 분류된다. 질문의 내용이 삶이나 대화의 주제와 직접적으로 연결되고 상대로 하여

금 새로운 시각을 가지고 깊이 생각하도록 하는 질문은 본질적 질문이 된다. 대화 주제와는 전혀 상관이 없거나 사소한 것에 대한 질문은 비본질적 질문이라 할 수 있다. 또한 구체적으로 답할 수 있는 질문은 구체적인 질문이 되며, '산다는 것은 무엇인가요?'와 같은 추상적인 답변을 요구하는 질문은 추상적인 질문으로 구분된다. 원활한 소통을 위해서는 구체적이고 본질적인 질문을 하는 것이 좋다.

구체적

▶ **구체적이고 비본질적인 질문**

• 평소에 무엇을 하며 지내세요?
• 게임 해본 적 있어요?
• 주말에 뭐하세요?

▶ **구체적이고 본질적인 질문**

• 당신의 꿈은 무엇입니까?
• 지금 자격증을 따려고 하는 이유는 무엇입니까?
• 매일 운동을 하는 이유는 무엇입니까?

비본질적 / 본질적

▶ **추상적이고 비본질적인 질문**

• 중요하지 않은 일을 추상적으로 묻는 영역
• 도대체 무슨 이야기인지 파악이 안 되는 질문

▶ **추상적이고 본질적인 질문**

• 산다는 건 어떤 의미일까요?
• 행복이란 무엇일까요?
• 인생에서 가장 소중한 것은 무엇일까요?

추상적

Action

● 자신에게 던지는 좋은 질문 3가지를 작성해 보시오.

_____

_____

_____

_____

_____

● 오늘 만나는 친구에게 할 수 있는 질문 3가지를 작성해 보시오.

_____

_____

_____

_____

_____

2. 코칭

코칭은 직장의 조직에서뿐 아니라 일상생활에서 긍정적인 영향을 주기 위한 커뮤니케이션 방법이다. 코칭은 질문을 통해 상대방에게 동기부여를 일으키며 성과를 향상시키고 잠재력을 계발하게 된다. 적절한 질문을 통해 이루어지는 코칭은 상대방으로 하여금 생각하게 만들고 의견을 말함으로써 잠재력을 일깨우며 행동으로 이끌게 한다. 흔히 코칭을 상담과 혼동하는 경우가 있다. 상담과 코칭은 유사한 부분이 있으나 상담은 초점이 과거를 통해 상처를 치료하는 것이 목적이라고 한다면, 코칭은 현재를 기점으로 미래에 초점이 맞추어져 있으며 미래의 목표를 설정하여 코칭이 이루어지기 때문에 원하는 상태로 변화·성장하도록 하는 것이며 긍정적인 영향을 주는 것이다.

코칭은 질문을 통해 이루어진다. 질문을 하면 사람들은 자연스럽게 답을 하게 되면서 자신을 돌아보게 된다. 좀 더 자신을 객관적으로 바라볼 수 있으며 다른 관점에서도 생각하게 된다. 통찰력 있는 사고를 가능하게 하여 자신의 문제를 풀 수 있는 실마리를 찾게 된다. 이처럼 코칭은 질문을 통해 자신의 생각 및 사고의 변화를 통해 행동으로 이끌어가게 된다.

코칭에는 다음 세 가지의 철학이 있다. 모든 사람에게 무한한 가능성을 가지고 있다고 생각하며, 무한한 가능성을 전제로 상대방(피코치자)에게 질문을 하며, 상대방(피코치자)이 그 해답을 가지고 있다고 생각하며 코칭이 실시된다.

[코칭의 철학]

1. 모든 사람은 무한한 가능성을 가지고 있다.

2. 그 사람에게 필요한 해답을 모두 그가 가지고 있다.

3. 해답을 찾기 위해서는 파트너가 필요하다.

1) 코칭의 5가지 코어스킬

효과적인 코칭이 이루어지기 위해서는 여러 스킬이 요구된다. 그중 5가지 핵심스킬을 살펴보면 질문·경청·직관·자기관리·확인 스킬 등이 있다.

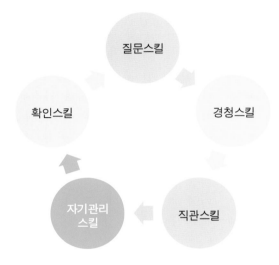

① 질문스킬

질문은 여러 스킬 중 가장 중요한 스킬에 해당되는 것으로 코칭에서 그 의미는 크다. 질문을 통하여 코칭이 이루어지며 자신을 객관적으로 바라보게 됨으로써 통찰력 있는 사고를 가능하게 한다. 즉 피코칭자의 무한한 잠재력을 스스로 찾게 해주는 스킬이 질문이라 할 수 있다. 질문은 확대질문, 미래질문, 긍정질문, 구체적이고 본질적인 질문, 머릿속을 정리해 주는 질문, 현재와 과거를 연결하는 질문 등을 통하여 부하 직원의 코칭 주제와 연결시켜 가능성을 찾아낼 수 있는 질문을 할 수 있어야 한다.

② 경청스킬

경청의 스킬은 부하 직원의 이야기를 어떻게 듣느냐에 관한 것으로 듣기의 방법에 해당된다. 질문을 통해서 코칭이 이루어지며 생각을 자극하게 되지만 잘못된 경청이 이루어진다면 질문의 효과는 사라지며 다음 단계의 코칭이 순로좁게 이루어지기 힘들어진다. 올바른 경청은 부하 직원으로 하여금 신뢰를 갖게 함으로써 가능성을 끌어낼 수 있는 스킬로 코칭에서 질문만큼 중요한 스킬이라 할 수 있다. 경청스킬에 따라 3단계로 나눌 수 있으며 1단계 '귀로 듣는다', 2단계 '입으로 듣는다', 3단계 '마음으로 듣는다'이다. 코칭에서는 상대의 생각과 감정을 이해할 마음으로 경청하는 것이 중요하며 생각과 감정을 자유롭게 표현할 수 있도록 경청할 수 있어야 한다.

③ 직관스킬

상사가 부하 직원을 코칭할 때 자신의 직관을 사용하는 코칭스킬이다. 어떤 질문을 던질 때 직관력을 발휘하는 것으로 부하 직원(피코치자)이 말하는 것에서 어떤 신호를 잡으면 이를 말로 표현하면서 질문하거나 부하 직원 내부에 있는 해답을 이끌어낼 때 질문을 통해서 직관련을 발휘하게 된다. 이때 상사의 잠재의식 속에서 나오는 직관에 따라 질문을 던지는 것이다. 직관스킬의 핵심은 '생각하지 않는다', '예측하지 않는다', 그리고 '리드하지 않는다'이다.

④ 자기관리스킬

자기관리스킬은 자신을 관리하는 것으로 상사가 부하 직원을 코칭할 때 어떤 태도로 대할 것인가에 대한 스킬이다. 이러한 자기관리는 코칭에 영향을 미치게 되는 부분으로 상사가 자기관리를 잘 할 때 효과적인 코칭으로 연결되게 된다. 성공적인 코칭이 이루어지기 위해서는 코치자의 자기관리가 역시 중요한 부분 중 하나라 할 수 있다. 자기관리에서는 3가지 요소인 머리관리, 마음관리, 몸관리로 나누어볼 수 있다. 머리관리는 부하 직원의 말에 집중할 수 있도록 자신의 생각에 얽매이지 않아야 하며 집중할 수 있도록 해야 한다. 마음관리에서도 자신의 개인적 감정이 있다면 이로 인하여 코칭에 부정적인 영향을 미치게 되기 때문에 해결해야 할 감정이 있다면 이를 먼저 해결하거나 코칭을 미루는 편이 좋다. 마지막으로 몸관리는 코칭에서 이루어지는 자세로 편안한 환경으로 코칭이 이루어질 수 있도록 자세 및 시선에 신경 쓸 수 있어야 한다.

⑤ 확인스킬

마지막 스킬인 확인스킬은 상사가 부하를 코칭할 때 부하에게 있어서 중요한 사항을 확인하기 위한 기술이다. 여기에서는 3가지 포인트, 즉 부하의 '미래', '현재', '과거'를 확인하는 것이다. 미래, 현재, 과거를 확인함과 동시에 부하의 가능성을 확실하게 인정하는 과정이기도 하다.

2) 코칭의 효과

코칭의 효과는 조직 구성원과의 관계에서 '효과적인 소통'과 '갈등 해소' 및 '긍정적인 관계 형성'에 영향을 미치며 조직의 몰입을 가능하게 한다. 이는 1차 효과로 2차 효과는 상사와 부하 직원과의 신뢰를 형성하게 되면서 '자발적 동기부여', '적극적인 도전', '창의적 문제해결'이 가능하도록 한다. 궁극적으로 조직의 성과 향상 및 사업목표 달성을 가능하도록 하여 현재 조직의 기업체 등에서는 코칭의 도입을 통해 성과향상을 꾀하고 있다. 뿐만 아니라 자신과의 소통, 친구와의 관계, 배우자와의 소통, 멘토링, 컨설팅 등 사적인 부분과 전문적인 영역에서 접목하여 사용하면서 효과를 극대화하고 있다.

[조직 관점에서 코칭 리더십 효과]

구분	관리자	구성원	조직
궁극적 효과	• 효과적인 과정관리 • 효과적인 목표관리	개인의 성과 향상 및 목표 달성	성과 향상 및 사업목표 달성
2차 효과	구성원과 신뢰 형성	• 자발적 동기부여 • 적극적인 도전 • 창의적 문제해결	조직 몰입
1차 효과	효과적인 코칭 리더십 발휘	• 효과적인 소통 • 갈등 해소 • 긍정적인 관계 형성	조직 활성화

출처 : 배용관(2016), 리더의 코칭

3) GROW 모델

코칭에서 가장 일반적으로 사용되는 모델인 GROW 모델의 G는 Goal의 목표설정, R

은 Reality의 현상·사실과 느낌 파악, O는 Option의 해결방안 탐색, W는 Wrap up & Will의 요약과 확인을 하는 단계별 프로세스 중심의 대화모델이다.

① Goal : 목표설정

코칭의 시작과 함께 대화의 주제를 설정하고 합의하는 단계이다. 목표를 정확하게 표현하게 된다면 실천력을 더욱 높일 수 있다. 목표를 설정할 때는 명확한 목표를 설정하며 구체화한다.

> 주제 설정을 위한 질문
>
> 1. 오늘은 무엇에 대하여(어떤 주제로) 이야기하고 싶습니까?
> 2. 오늘 코칭을 통해서 무엇을 얻고 싶습니까?
> 3. 이 코칭에서 어느 정도까지, 얼마나 구체적인 성과를 기대하십니까?
> 4. 지금 이야기하는 것들 중에서 무엇이 가장 중요합니까?

② Reality : 현상 · 사실과 느낌 파악

대화의 명확한 목표가 설정되었다면 그 목표와 관련하여 현재 발생하고 있는 구체적 현상이나 사건, 사실, 사례를 파악한다. 또한 이러한 현상에 대한 생각과 느낌, 의견을 함께 파악하는 단계이다. 현상을 파악함으로써 자신의 문제에 대한 새로운 시각을 갖게 되며 새로운 시각으로 문제를 바라볼 수 있게 된다.

현상·사실 파악을 위한 질문

1. 현재의 상황에 대하여 좀 더 자세하게 설명해 주시겠습니까?

2. 지금의 일은 어떻게 진행되고 있습니까?

3. 문제의 본질은 무엇인가요?

4. 그 밖의 다른 문제는 없나요?

5. 성과를 달성하는 데 다른 장애물이나 애로사항은 없나요?

생각·느낌 파악을 위한 질문

1. 현재 문제에 대해서는 어떻게 생각하고 있습니까?

2. 지금의 문제가 계속된다면 당신에게 어떤 영향을 미치게 됩니까?

3. 원하는 상태를 10점이라고 할 때 현재의 상태는 몇 점인가요?

   그렇게 생각하는 이유는 무엇인가요?

③ Option : 해결방안 탐색

문제현상에 대한 질문이 끝나면 문제의 개선 및 성과향상을 위한 해결방안에 대한 질문이 이루어진다. 주제와 관련된 해결방안을 위한 질문으로 진행된다.

해결방안 탐색을 위한 질문

1. 그럼에도 불구하고 생각해 볼 수 있는 방법이 있다면 어떤 것이 있을까요?

2. 이 일을 보다 잘하기 위해 어떤 노력을 해보시겠습니까?

3. 다른 대안(방법)에는 무엇이 있을까요?

4. 단계적으로 해봐야 할 것은 무엇이라고 생각합니까?

5. 아직 시도해 보지 않은 방법이 있습니까?

④ Wrap up & Will : 요약과 확인

해결방안에 대한 질문을 통해 방법에 대한 대화가 끝나면 방법을 실제로 실행할 수 있도록 행동계획을 설계하고 실행에 옮길 수 있도록 해야 한다. 다시 한 번 대화내용을 요약·정리하고 새로이 배우거나 느낀 점에 대하여 성찰함으로써 실행의 의지를 높일 수 있는 질문을 한다.

요약과 확인을 위한 질문

1. 오늘 나눈 대화에서 나눈 실행방안에는 어떤 것들이 있었나요?
2. 오늘 대화를 통해 느낀 점, 유익했던 점은 어떤 점입니까?
3. 실행을 위하여 구체적으로 처음 해야 할 행동이 있다면 어떤 것입니까?
4. 이 일의 달성을 위해서 주변 사람들의 어떤 지원이 필요합니까?
5. 이 일을 행동으로 옮기고 나면 어떤 느낌이 드시겠습니까?

GROW 모델을 통하여 짝꿍에게 코칭을 실시해 보자.
그리고 자신을 셀프코칭 해보자.

① Goal : 목표설정

_____

_____

_____

_____

② Reality : 현상 · 사실과 느낌 파악

_____

_____

_____

_____

③ Option : 해결방안 탐색

_____

_____

_____

_____

④ Wrap up & Will : 요약과 확인

_____

_____

_____

_____

3. 피드백

　피드백은 메시지를 재확인하고 목표 달성여부를 위한 정보 및 의견에 대하여 파악하는 과정이다. 직장에서는 자신의 직무와 관련된 것으로 업무 성과에 영향을 줄 수 있는 행동이나 방법 등 개선 및 성과향상을 이룰 수 있도록 촉진하게 하는 것을 의미한다. 이는 질책의 의미보다는 성장 및 발전을 위한 것으로 미래지향적 활동이다. 피드백을 통하여 사람들은 동기유발되며 궁극적으로 높은 성과를 달성하게 된다.

　그렇기 때문에 원활한 업무진행을 위해서는 원활한 피드백이 필요하며 효과적인 피드백이 이루어질 수 있도록 해야 한다.

1) 피드백 유형

　피드백은 강화, 조언, 침묵, 그리고 비난의 네 가지 유형으로 나누어볼 수 있다. 일반적으로 침묵과 비난보다는 강화와 조언이 긍정적인 영향을 주는 피드백이 될 수 있으나 상황에 따라 적절한 피드백을 통하여 상대방에게 긍정적인 영향을 미칠 수 있도록 해야 한다. 각 피드백 유형별 개념과 영향은 다음과 같다.

	개 념	영 향
강화	적극적 피드백으로 바람직한 행동이나 결과에 대해 이야기하여 지시, 격려한다.	상대방의 자신감을 높이고 동기를 강화시킨다. 성과가 향상된다.
조언	기대에 미치지 못하는 행동이나 결과에 대해 이를 개선, 보완하기 위한 방법을 권유하거나 제시한다.	행동을 교정하고 성과를 향상시킬 수 있다.
침묵	아무런 반응을 하지 않는다.	자신감이 떨어지고 불안감을 초래한다.
비난	기대에 미치지 못하는 행동이나 결과에 대해 규명하고 지적하고 질책한다.	변명이나 핑계, 저항을 가져온다. 행동이나 성과를 왜곡한다. 상황을 회피한다. 관계를 악화시킨다.

출처 : 이재희, 최인희(2014), 비즈니스커뮤니케이션, 한올

① 강화

"수정씨, 이번에 우리 팀이 영업성과 1등을 한 것은 수정씨가 꼼꼼하게 자료를 분석해 주고 챙겨줘서 가능했어~! 다음에도 더 좋은 성과를 낼 수 있도록 수정씨 부탁해요~~!"

"이번 TEST에서 전체 10% 안에 들었다구? 너무 잘했어요!
다음 TEST에서도 최선을 다해서 좋은 성적 낼 수 있기를 바랄게요!"

② 조언

"송이씨, 지난번 4분기 자료 분석을 꼼꼼하게 잘 작성했더라고요.
근데 다른 팀과의 비교분석 자료가 빠졌더라고~
자료분석에서는 다른 팀과의 비교분석 자료를 넣어주면 훨씬 좋은 자료가 될 것 같아요."

"지난번 과제에서 의사소통 향상방안에 대한 조사를 잘 했는데, 향상방안에만 초점을 맞춘 것 같아요. 현재 의사소통 스타일 분석을 넣어주면 더 좋을 것 같아요."

③ 침묵

"음…"

④ 비난

"오늘까지 보고서를 제출하라고 했는데 아직도 안 했다고요?
도대체 그동안 뭘 한 거죠?"

2) 효과적인 피드백을 위한 조건

① 구체적으로 피드백하라

피드백의 주제와 내용은 구체적이어야 한다. 모호한 표현이나 일반적인 내용에 대한 피드백은 상대방을 더욱 혼란하게 만들 뿐이다. 사실적인 내용을 바탕으로 피드백하여 정확히 원하는 상태를 표현할 수 있도록 한다.

② 타이밍이 맞아야 한다

피드백을 주는 데 일주 전에 있었던 내용이나 한 달 전의 내용을 피드백한다면 그 효과성은 떨어지게 된다. 바로 그 즉시 즉각적으로 피드백했을 때 쉽게 납득이 되며 효과적일 수 있다. 또한, 상대방이 받아들일 수 있는 적절한 타이밍을 살펴본 후 피드백할 수 있어야 한다.

③ 향상에 초점을 두어라

피드백의 목적은 비난이 아니라 피드백 받는 사람의 향상과 성장에 초점을 맞추어야 한다. 강화와 조언 등의 피드백 방법을 통해 상대방으로 하여금 동기부여가 일어날 수 있도록 하며 실질적인 향상이 이루어질 수 있도록 해야 한다.

④ 관찰한 내용에 대하여 피드백하라

피드백은 받는 사람의 인격적인 부분에 대한 피드백이 아니라 정확하게 관찰한 행동이나 내용을 토대로 피드백할 수 있어야 한다. "요즘 태도가 좋지 않아!"라고 표현하기보다는 "지난주에 안 하던 지각을 2번이나 했는데 무슨 문제가 있는 건가?"라고 표현하면서 구체적인 사실과 행동을 기준으로 피드백할 수 있어야 한다.

3) 피드백을 받는 자세

피드백을 효과적으로 하는 것도 중요하지만 피드백을 어떻게 받아들이냐의 문제도 중요하다. 피드백을 단순한 간섭으로 치부해 버린다면 더 좋은 성장의 기회를 잃어버리게 된다. 다음의 자세를 통하여 피드백에 대하여 적극적으로 받아들이고 자신의 성장 향상의 기회로 삼을 수 있어야 한다.

① 열린 자세

피드백의 내용이 자신의 생각과 다르더라도 수용의 자세를 가질 필요가 있다. 만약 피드백에 대하여 부정적인 표현을 하게 된다면 피드백에 대한 부담을 느낀 상사는 피드백뿐 아니라 의사소통에 불편을 느끼게 됨으로써 소통의 단절이 시작된다. 열린 자세로 피드백에 임할 뿐 아니라 필요시 먼저 피드백을 요청할 수 있어야 한다.

② 질문

피드백의 내용이 완전히 이해되지 않는 경우 대충 넘어가며 피드백 내용을 한 귀로 듣고 흘려버리는 경우가 있다. 이런 경우에는 반드시 자신이 이해할 수 있을 때까지 질문을 통해 정확하게 피드백 받을 수 있도록 해야 한다. 또한 상대방이 피드백한 내용과 자신이 이해한 내용에 대하여 질문을 통해 명확히 할 필요가 있다.

③ 실천 및 반영의 의지 표현

피드백을 받은 내용에 대하여 적극적으로 실천과 반영의 의지를 표현할 수 있어야 한다. 자신의 의견과 내용에 대하여 상반된 내용이 있다면 이 부분에 대한 문제에 대하여 조언을 구할 필요가 있다. 이를 통해 더욱더 원활한 소통이 이루어질 뿐 아니라 피드백을 주는 사람은 더욱더 관심과 애정을 통해 도움을 주고자 노력할 것이다.

내가 받았던 긍정적 피드백	내가 받았던 부정적 피드백

나의 피드백 받는 자세는 어떠한가?

1. 거의하지 않는다. 2. 잘하지 않는다 3. 가끔 한다 4. 자주 한다 5. 수시로 한다.

	문 항	응답				
1	상대방의 행동을 바람직한 방향으로 변화시키고자 하는 좋은 뜻에서 피드백을 제공한다.	1	2	3	4	5
2	상대방의 성과 달성을 도와주기 위한 좋은 뜻에서 피드백을 제공한다.	1	2	3	4	5
3	특정 행동이 관찰되거나 성과 이슈가 발생했을 때마다 수시로 피드백을 한다.	1	2	3	4	5
4	상대방을 충분히 칭찬하고 인정해 준다.	1	2	3	4	5
5	상대방의 목표 대비 성과에 대하여 객관적이고 공정한 평가를 제공한다.	1	2	3	4	5
6	상대방이 기분 나쁘지 않는 방법으로 피드백을 제공한다.	1	2	3	4	5
7	상황을 파악하기 위하여 상대방의 이야기를 주의 깊게 듣는다.	1	2	3	4	5
8	피드백을 하기 전에 피드백의 목적과 얘기할 내용에 대해 충분히 생각한다.	1	2	3	4	5
9	구체적인 피드백을 제공한다.	1	2	3	4	5
10	성과 달성에 도움이 되는 실질적 조언이나 정보를 제공한다.	1	2	3	4	5
11	회사생활에 도움이 되는 바람직한 행동을 강화시키기 위한 실질적 조언이나 정보를 제공한다.	1	2	3	4	5
12	상대방이 실행할 수 있는 현실적인 피드백을 제공한다.	1	2	3	4	5
13	피드백을 제공할 때 상대방의 관점과 입장을 고려한다.	1	2	3	4	5
14	상대방이 피드백에 대해 부정하거나 반발할 때는 관찰한 사실이나 객관적 자료를 토대로 이해시킨다.	1	2	3	4	5
15	대화할 때 나의 감정을 잘 컨트롤한다.	1	2	3	4	5
16	말을 하기보다는 상대방의 말을 주로 듣는 편이다.	1	2	3	4	5
17	대화할 때 질문을 많이 한다.	1	2	3	4	5
18	"내 생각은~", "나의 의견은~"과 같은 표현을 자주 사용한다.	1	2	3	4	5
19	대화할 때 옆으로 새지 않는다.	1	2	3	4	5
20	상대방과 함께 데이터를 수집 · 분석하고 실행계획을 만든다.	1	2	3	4	5

출처 : 이재희, 임영수, 김미선, 박연희, 김경진(2017), 의사소통능력, 양성원

[평가 가이드 라인]

- 81점 이상 : 충분한 자격을 가지고 있으며, 피드백을 통해 많은 사람들을 변화시킬 것이다.

- 71~80점 : 발전할 수 있는 자질을 갖추고 있다. 현재는 보통 수준 이상의 피드백 역량을 가지고 있으나, 자신의 노력 여하에 따라 역량을 발휘할 수 있는 기회가 올 것이다.

- 61~70점 : 발전할 수 있는 자질을 갖추고 있다. 현재는 보통 수준 이상(중상)의 피드백 역량을 가지고 있으나, 자신의 노력 여하에 따라 많은 사람들에게 희망을 주는 선배로서 충분한 역량을 발휘할 수 있는 기회가 올 것이다.

- 60점 이하 : 준비가 갖추어져 있지 않은 상태이다. 진단 결과를 토대로 자신의 장단점을 분석한 후 피드백 역량 개발 계획을 수립하고, 이를 달성하기 위해 지속적인 노력을 해야 할 것이다.

Memo

Chapter

07

유형별 의사소통

"누가 맞고 틀린 게 아니라 서로 다른 것일 뿐이고
그냥 다르다고 생각하면 화낼 일이 적을 것이다."

– 달라이 라마 –

CHAPTER 07
유형별 의사소통

1. DISC 개념

일반적으로 사람들은 성장하면서 독특한 동기요인으로 인해 선택된 일정한 방식으로 행동을 취하게 된다. 이는 하나의 경향성을 이루게 되면서 자연스럽게 행동으로 이어지게 된다. 우리는 그것을 행동팬턴 또는 행동스타일이라고 한다. 이러한 행동스타일은 똑같은 상황이나 장면에서 일치된 행동이 아닌 각 사람마다의 다른 행동반응을 나타내게 되는데 이는 각 사람과의 이해의 불일치 등 오해가 생겨나게 되며 갈등의 시작이 된다. 그렇기 때문에 각 사람에 대한 특징, 즉 유형별 행동특징에 대하여 이해할 필요가 있다.

DISC는 1928년 미국 컬럼비아대학 심리학 교수인 William Mouston Marston 박사가 독자적인 행동유형 모델을 만들어 설명하였다. Marston 박사에 의하면 인간은 환경을 어떻게 인식하고 또한 그 환경 속에서 자기 개인의 힘을 어떻게 인식하느냐에 따라 4

가지 형태로 행동을 하게 된다고 한다. 주도형(Dominance), 사교형(influences), 신중형(Conscientiousness), 안정형(Steadiness) 첫 글자를 따서 DISC라고 한다.

　DISC는 상황과 환경에 따라 변화가능하며 좀 더 높은 유형과 낮은 유형이 존재하게 되며 좀 더 높은 유형을 우리는 그 사람의 유형으로 표현하게 된다. 그래서 한 가지의 유형만을 가지고 있는 것이 아니라 때로는 두세 가지의 유형도 함께 존재할 수 있다. 하지만 특정 상황에서 행동유형을 관찰하게 되면 두드러지는 유형의 특징을 관찰할 수 있으며 이에 따라 어떻게 이해하며 반응하느냐에 따라 좋은 관계로 이어나갈 수 있다.

　현재 의사소통향상, 갈등관계관리, 리더십, 대인관계, 고객응대 관리 등에서 접목하여 사용되고 있다.

2. DISC 유형별 특징

　주도형(Dominance), 사교형(influences), 신중형(Conscientiousness), 안정형(Steadiness)은 진단지를 통해 진단하게 된다. 또는 그 사람의 행동하는 모습을 보고 우리는 그 유형을 짐작하여 유추하여 볼 수 있다.

1) 주도형

주도형은 목표 지향적이고 도전적인 유형으로 성과에 대한 욕구가 강한 사람들이다. 자신에 대한 자의식이 높으며 통제력을 잃는 것에 두려움을 가지고 있는 특징이 있다. 이들은 의사결정이 빠르며 다른 사람의 행동을 유발하는 등 리더십을 발휘한다. 도전에 의하여 동기부여받으며 어려운 문제를 받아들이는 특징을 가지고 있다.

2) 사교형

사교형은 낙천적이고 사람중심의 유형으로 사회적 인정에 대한 욕구가 강하다. 사람들과의 접촉을 좋아하며 유쾌함과 함께 호의적 인상을 전달하게 되며, 여러 일과 활동을 좋아하며 열정적인 스타일이지만 집단으로부터 소외되거나 거절당하는 것에 두려움을 가지고 있다.

3) 안정형

안정형은 사람중심의 관계를 중요시하는 유형으로 안정된 상황을 추구한다. 이들은 일반적으로 일관성이 있으며 팀지향적으로 행동한다. 상대방에 대한 배려와 경청이 뛰어나며 다른 사람을 돕고 지원하는 유형으로 안정과 조화를 추구한다.

4) 신중형

신중형은 과업중심의 유형으로 분석적이고 정확하다. 자신에 대한 기준이 높기 때문에 자신의 업무에 대한 비판의 두려움을 가지고 있다. 세심하고 정확함을 추구하며 기준 및 정확함을 통하여 동기부여를 한다.

D(주도형)	I(사교형)	S(안정형)	C(신중형)
• 뚜렷한 성과를 냄 • 활기있게 행동함 • 도전을 받아들임 • 지도력이 있음 • 빠르게 결정함	• 사람과 접촉함 • 호의적 인상을 줌 • 타인을 동기유발함 • 사람을 즐겁게 함 • 그룹에 참여	• 고정 직무를 수행함 • 인내심이 있음 • 직무에 전념함 • 타인을 배려하고 협력함 • 남의 이야기를 경청해줌	• 세부사항에 신경 씀 • 익숙한 환경 선호 • 일의 정확한 처리 • 사고방식이 엄격 • 상황을 분석하고 위험요인을 파악함

출처 : 한국교육컨설팅연구소

3. DISC 행동유형의 매트릭스

DISC는 사람중심과 과업중심, 그리고 행동속도의 빠름과 느림으로 4가지 유형으로 나누어지게 된다. 사람중심 유형은 사교형과 안정형이 이에 속하게 되며 이들은 일보다 사람을 중요하게 생각하고 사람중심의 행동경향을 나타내게 된다. 주도형과 신중형은 과업중심으로 사람보다는 과업중심의 행동경향을 나타낸다. 속도에서는 주도형과 사교형은 행동 및 말, 업무처리 등의 속도가 빠른 편이며 안정형과 신중형은 행동과 업무처리 등의 속도가 다소 느린 편에 해당된다.

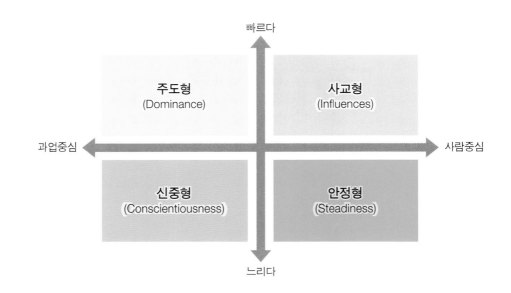

4. DISC 행동유형의 강·약점, 대인관계, 단체생활의 특성

유 형	강 점	약 점	대인관계	단체생활
D (주도형)	• 용기있는 태도 • 목표 지향적이다 • 자신감 있다 • 경쟁적이다 • 의지가 강함 • 솔직한 태도 • 빠르고 정확함 • 사리판단 분명함	• 참을성 부족 • 자만심 있다 • 공격적 태도 • 욱화고 화를 냄 • 무모한 태도 • 비정하다 • 독재적이다 • 지나친 보스기질	• 단체활동을 중시 • 친구에 대한 소중함이 약함 • 남을 지배한다 • 자신이 결정함 • 사과에 약함 • 대처능력 우수 • 리더십 탁월	• 과정보다 결과를 우선시한다 • 수단방법 안 가림 • 조직적이다 • 타인에게 짜증냄 • 타인을 조종함 • 경쟁에서 이기고 싶어 한다

I (사교형)	• 낙천적이다 • 상상력 풍부 • 사교적이다 • 열정적이다 • 지발적이다 • 긍정적이다 • 재미있다 • 유쾌하다	• 말이 많다 • 공상적이다 • 충동적이다 • 체계적이지 못함 • 감정적이다 • 무질서하다 • 진지하지 못함 • 단순하다	• 친구를 잘 사귐 • 사람을 좋아함 • 칭찬과 인기에 연연한다 • 참견을 잘함 • 결정에 미숙하고 지연시킨다 • 말실수 잦음	• 열정적이다 • 말이 앞선다 • 용두사미 • 무질서하다 • 시간개념이 약하다 • 감정적으로 결정할 때가 많다
S (안정형)	• 안정적이다 • 성실한 태도 • 부드러운 마음 • 남을 잘 돕는다 • 차분하다 • 협력적인 태도 • 배려한다 • 양보한다	• 열정 부족 • 변화를 싫어한다 • 줏대가 없음 • 연약하다 • 지나치게 상대를 의식한다 • 모험을 싫어한다 • 갈등을 싫어한다	• 함께 잘 지낸다 • 기분을 잘 맞춤 • 동정·애정이 많다 • 변화를 싫어함 • 계획에 무관심함 • 타인에 관여하지 않는다	• 성실하다 • 협조와 협력을 잘한다 • 압박·갈등에 약하다 • 실천력이 부족함 • 강요·재촉당하는 것을 싫어함
C (신중형)	• 냉철한 판단력 • 분석적이다 • 치밀함·섬세함 • 계획적이다 • 언행일치 • 신뢰감 있다 • 높은 이상 추구 • 양심적이다 • 시간 준수	• 비사교적이다 • 의심이 많다 • 비판적이다 • 작은 것과 틀에 얽매인다 • 완벽주의 • 계획에 얽매임 • 지나치게 걱정함 • 융통성 부족	• 친해지기 힘들다 • 남을 의심한다 • 스스로 알아서 일을 한다 • 적대적, 복수심 강하다 • 혼자하는 것을 좋아한다 • 말수가 적음	• 치밀하다 • 계획적이다 • 끈기·인내력 탁월, 사람을 기피한다 • 언행일치함 • 심각한 고민이 많다 • 속내를 잘 드러내지 않는다

출처 : 김나위(2017), DISC 행동유형과 사주명리학 일간의 성격 비교 연구

Action

같은 유형끼리 조를 이루어 공통된 특징을 찾아보세요.

● 우리 유형의 장점

_____
_____
_____
_____
_____
_____

● 우리 유형의 단점

_____
_____
_____
_____
_____
_____

● 우리 유형의 의사소통 스타일

_____
_____
_____
_____
_____
_____

유형에 따른 의사소통 전략을 세워보세요.

● D (주도형)

_____

_____

_____

_____

● I (사교형)

_____

_____

_____

_____

● S (안정형)

_____

_____

_____

_____

● C (신중형)

_____

_____

_____

_____

Action

나와 맞지 않는 한 명을 생각해 보고 그 사람의 유형과 관계 개선 및 의사소통 방안에 대하여 작성해 보시오.

- **나의 유형** ....

- **상대방의 유형** ....

- **관계 개선 전략**

....

....

....

....

....

....

....

....

- **의사소통 방안**

....

....

....

....

....

....

....

....

Chapter

08

상황별 의사소통

"분명한 사실은 어떠한 상황에서 어떻게 해야
옳은지를 당신은 잘 알고 있다는 것이다.
그러나 그것을 행하는 것은 어렵다."

— 노먼 스워츠코프 —

CHAPTER 08

상황별 의사소통

1. 칭찬

칭찬은 별다른 노력을 기울이지 않아도 항상 상대방을 기분 좋게 만든다. 그러나 자칫 잘못하면 아부로 여겨질 수 있으므로, 칭찬도 센스 있게 해야 한다.

본인이 중요하게 여기는 것을 칭찬하며, 처음 만나는 사람에게 말할 때는 먼저 칭찬으로 시작하는 것이 좋다. '사무실이 아주 좋은 곳에 있군요.' 같은 간단한 칭찬이 상대를 기쁘게 한다.

1) 칭찬의 방법

① 즉시 칭찬한다

칭찬은 적절한 타이밍을 통해 이루어졌을 때 효과적이다. 이미 지나간 내용을 칭찬하게 되면 그 효과는 반감되며, 왜 갑자기 칭찬을 하지?라고 생각하며 그 의도를 의심하게 된다.

> "한 달 전에 입었던 파란색 원피스 너무 예쁘고 멋있었어요!" (×)
>
> "오늘 너무 멋져보이는데? 노란색 원피스가 너무 잘 어울려요." (○)

② 구체적으로 칭찬한다

칭찬을 위한 칭찬이 아닌 구체적인 내용에 대하여 성의와 진심을 가지고 칭찬할 수 있도록 해야 한다. 구체적인 행동과 사실, 태도 등에 대하여 칭찬하며 진심이 느껴질 수 있어야 한다.

> "이번 보고서 작년 자료와 비교하여 그래프로 나타낸 부분이 아주 좋았어.
>
> 언제나 일할 때 명확한 분석력이 돋보여요~! 잘했어요!"

③ 가능한 한 공개적으로 칭찬한다

질책이나 비판은 비공개적으로 해야 하지만 칭찬은 모두가 알 수 있도록 공개적으로 했을 때 듣는 사람이 그 칭찬을 큰 보상으로 받아들이고 한껏 고무되므로 그 효과가 더욱 커지게 된다. 하지만 다른 사람들의 시기와 질투가 될 수 있는 내용에 대해서는 비공개적 창친도 고려할 필요가 있다.

④ 결과보다는 과정을 칭찬한다

흔히 칭찬에서 결과를 칭찬하는 경우가 많지만 결과보다는 과정에 초점을 맞추어야 한다. 결과에 대한 칭찬은 다음 과제에서 결과에만 치중하며 일을 진행할 수 있으나, 과정에 대한 칭찬은 자신을 더욱 통제하는 법을 배우면서 새로운 자신에 대한 도전으로 이어나갈 수 있기 때문이다. 이는 조직의 구성원들에게 성장형 사고방식의 조직문화를 이루게 한다.

> "수연씨는 언제나 열심히 노력하는 모습이 보기 좋아요!"
> "언제나 지각과 결석도 안 하고 성실하게 임하는 모습이 너무 보기 좋습니다. 다른 사람들에게도 본이 되어줍니다."

초등학생을 대상으로 두 그룹으로 나누어 칭찬을 하였다. 한 그룹은 '똑똑하구나'라며 결과에 칭찬의 초점을 맞추었으며, 다른 그룹은 '공부를 열심히 하는구나'라고 과정에 초점을 맞추었다. 그리고 학생들에게 비슷하게 어렵지만 새로운 것을 배울 수 있는 문제를 선택하도록 하였는데, 지능에 대한 칭찬을 받은 학생들은 쉬운 문제를 선택하였으며 과정에 대한 칭찬을 받은 학생들은 어려운 문제를 선택하였다. 그리고 다음 단계로 다시 모두에게 어려운 문제를 제출했는데, 지능에 대한 칭찬을 받은 학생들은 어려워했지만 과정에 대한 칭찬을 받은 학생들은 힘들었지만 재미있었다고 반응하였다. 마지막 단계로 첫째 단계와 같은 문제를 마지막으로 다시 제출하였는데 지능에 대한 칭찬을 받은 학생들은 성적이 처음보다 20% 내려갔지만, 노력에 대해 칭찬을 받은 학생은 30% 정도 성적이 올라갔다.

⑤ 진실한 마음과 긍정적 시각으로 칭찬한다

상대방을 인정해 주는 진실한 마음의 칭찬은 자신을 중요한 존재로 느끼게 해준다. 한마디의 말을 하더라도 진심을 다함으로써 마음을 움직이는 칭찬의 파워를 높일 필요가 있다. 또한 긍정적 시각으로 바라봄으로써 단점보다는 장점을 발견하여 칭찬한다면 조직의 긍정적 파워를 일으킬 수 있을 것이다.

Action

내가 들었던 기분 좋았던 칭찬에는 어떤 것이 있는가? 그리고 칭찬을 받으면 나는 어떻게 반응을 하는가? 이들에 대하여 작성해 보고 조원들과 공유해 보자.

2. 거절

　사회생활을 하다 보면 부탁을 받거나 부탁을 하는 상황이 예기치 않게 발생하게 된다. 일반적으로 사람들은 거절하는 데 부담을 가지며 힘들어하지만, 그렇다고 거절하지 않는다면 서로에게 더 좋지 않은 부정적인 영향을 미칠 수 있게 된다. 부탁에 대한 거절을 함으로써 더 좋은 관계를 맺을 수 있는 만큼 현명하게 거절할 수 있어야 한다.

　『죄책감 없이 거절하는 용기』의 저자인 임상심리학자 마누엘 스미스는 거절에 대하여 "다른 사람들의 비판과 비난이 두려워 거절을 잘하지 못하는 것"이라며 "이는 아이를 무지한 존재로 인식하고, 불안에 떨게 하며, 죄책감을 심어주는 등 감정을 통제하는 방식의 교육문제"라고 했다. 실제로 부탁을 거절했을 때 많은 사람들은 미안함과 죄책감을 갖게 되는데 특히 한국 사람들의 경우 다른 사람들의 기대와 감정에 맞춰 사는 데 익숙해져 있기 때문에 더더욱 거절에 대한 어려움을 가지고 있다.

　덴마크 속담 중 '지킬 수 없는 약속을 하는 것보다는 지금 거절하는 게 낫다'는 말처럼 거절은 향후에 더 좋은 관계를 맺을 수 있기 때문에 현명한 거절방법을 통해서 거절할 필요가 있다.

1) 거절의 방법

① 원칙과 근거가 있어야 한다

거절에는 분명한 자신의 기준이 있어야 한다. 자신의 기분에 따라 거절과 승낙이 이루어진다면 상대방에게 납득할 수 없는 부정적인 감정을 남기게 된다. 또한 자신의 기준과 함께 분명한 이유를 설명할 수 있어야 한다. 거절할 수밖에 없는 분명한 이유를 논리적으로 말하면 상대방도 기분 상하지 않고 납득할 수 있게 된다.

> "죄송합니다. 이번 주 토요일에는 가장 친한 친구 결혼식이라
> 찾아뵙기가 힘들 것 같습니다."

② 거절의 타이밍

상대방의 부탁에 분명하게 거절해야 할 부분이라도 생각해 보고 거절해야 한다. 조금도 생각하지 않고 바로 거절하게 되면 상대방은 단호함과 무성의함에 섭섭함을 느끼게 된다. 부탁에 대한 최소한의 모습으로 생각해 보는 액션이라도 취하고 거절하는 모습을 보이는 게 상대방에 대한 배려라고 할 수 있다.

> "제가 생각해 보고 말씀드려도 될까요?"
> "잠시 생각할 시간을 주시면 제가 잠시 후에 말씀드리겠습니다."

하지만 상황에 따라 즉시 거절할 필요가 있을 때가 있다. 말도 안 되는 불가능한 부탁이나 즉시 거절하는 편이 상대방을 위하는 것이라면 분명하고 명확하게 거절하여 더 큰 기대를 하지 않도록 배려해야 한다.

③ 제안을 경청하고 인정해 주라

수락 또는 거절을 하기 전 상대방의 제안에 대하여 먼저 경청하고 인정해 주어야 한다. "정말 좋은 제안이군요" 또는 "아, 그런 일이 있으시군요."라고 먼저 경청하며 공감의 표현을 통해서 인정한 후 거절하게 되면 자존심을 상하지 않게 하면서 거절할 수 있다.

④ 'Yes-No-Yes' 대화법

거절한다고 해서 'No'라고만 답하게 되면 상대방은 자존심이 상하게 된다. 상대방을 배려한 방법으로 'Yes-No-Yes' 대화패턴을 활용해 보자. 더 좋은 관계의 발전을 위하여 대화의 방법에도 신경을 써야 한다.

(Yes) '당신의 부탁을 들어주고 싶다'
'아, 좋은 제안입니다.'

(No) '하지만 이런저런 이유로 지금은 곤란합니다.'
'○○○○ 때문에 그 부분은 제가 할 수 없을 것 같습니다.'

(Yes) '거절할 수밖에 없어 정말 죄송합니다.'
'다음번에 적극적으로 수렴할 수 있도록 신경 쓰겠습니다.'

Action

내가 거절하기 힘든 상황은 어떤 경우인가? 그 이유는 무엇인가?
다음에 똑같은 상황이라면 어떻게 의사소통할 것인가?

_____

_____

_____

_____

_____

_____

_____

_____

_____

_____

_____

3. 사과

사람은 누구나 실수를 하게 되는데 실수에 대한 사과의 표현은 말처럼 쉽지 않다. 그래서 자신의 잘못된 행동이나 말에 대하여 올바른 사과가 이루어지지 않았을 때 더 큰 부작용을 야기하는 경우를 볼 수 있다. 특히, 매스컴 등에서 사과의 메시지를 전하는 모습들이 종종 방영되지만 사과방송이 나간 후 더 많은 비난이 쏟아지는 경우를 흔치 않게 볼 수 있다. 그렇다면 상대방에게 진심어린 사과를 전하며 진정한 관계 회복 및 개선이 이루어질 수 있는 올바른 사과의 방법에 대하여 살펴볼 필요가 있다.

1) 사과의 기술

① 잘못을 인정한다

사과하기 위해서는 자신이 한 행동이나 말에 대하여 잘못을 인정해야 한다. 잘못을 인정하지 않고 사과를 하게 되면 형식적인 사과가 될 것이고 듣는 이로부터 진정성을 느낄 수 없게 된다. 자신도 잘못을 인정하지 않게 되면 다른 핑계를 대기 시작하며 책임을 회피하게 된다. 진심으로 자신의 잘못된 모습에 대하여 인정하는 자세가 중요하다.

② 사과의 타이밍이 중요하다

누구나 실수할 수 있지만 실수를 뻔뻔하게 넘어가려고 하는 경우가 있다. 하지만 자신의 실수를 인정하며 곧바로 사과하는 모습이 올바르다. 빠른 사과를 통해서 더 큰 문제로 야기되는 것을 미연에 방지할 수 있기 때문이다. 하지만 상대방이 너무 화가 많이 난 경우에는 화를 조금 누그러뜨릴 수 있도록 배려해야 한다. 자신만 사과를 한다고 해서 모든 것이 끝나는 것은 아니다. 상대방도 사과를 받아들일 수 있는 시간이 필요하다.

③ 책임과 해결책을 제시하기

자신이 실수한 부분에 대한 언급을 하며 그 부분에 대하여 구체적으로 표현할 수 있어야 한다. 그러한 모습에서 자신의 잘못에 대하여 책임지려는 태도를 보여줄 수 있다. 또한, 잘못한 부분에 대하여 구체적인 해결책을 제시해서 책임감 있는 모습을 보여주어야 한다.

"내가 지난번 약속을 잊어버렸던 것에 대하여 진심으로 미안해. 그 약속이 우리에게는 중요한 약속이었는데 너한테 상처를 줘서 더욱 미안해. 다음부터는 잊어버리지 않도록 적어놓도록 할게. 그리고 다시는 약속을 지키지 않는 일은 없도록 약속은 철저히 지키도록 노력할게."

④ 만나서 사과하기

요즘에는 다양한 의사소통 수단으로 인하여 커뮤니케이션이 수시로 다양하게 이루어지고 있다. 하지만 미세한 감정을 전달하며 공감해야 하는 상황에서 여러 의사소통 채널들은 오해를 일으키기 쉬우며 자신의 의도와는 다르게 전달될 가능성이 있다. 사과의 경우도 마찬가지다. 자신의 진심어린 사과의 마음을 전달하고 상대방의 감정에 공감해야 하는 상황에서 전화나 카톡 등의 수단들은 그 한계를 가지고 있다. 직접 만나서 사과를 했을 때 오해 없는 진심이 전달될 수 있다. 또는 시간이 많이 흐른 사건에 대한 사과는 편지로써 진심을 전달해 보자.

2) 사과의 3단계

2001년 『사과의 힘』을 쓴 베벌리 엥길은 '의미있는 사과에 들어 있는 3가지 R'에 대하여 소개하였다. 3가지 R은 바로 Regret(후회), Responsibility(책임), Remedy(치유, 보상)로 3단계로 사과를 실시해 보자.

① Regret(후회)

- 상대방에게 하지 말았어야 할 행동이나 말에 대한 후회를 솔직하게 말한다.
- 사과해야 할 부분에 대하여 구체적으로 미안하다는 표현을 한다.

② Responsibility(책임)

- 후회에서 그치는 사과가 아닌 책임까지 질 수 있어야 한다.
- "그 부분은 저의 잘못입니다"와 같이 표현할 수 있다.

③ Remedy(치유, 보상)

대인 및 치유, 보상할 수 있는 부분에 대하여 보상할 수 있어야 한다.

Action

내가 전하지 못했던 사과가 있다면 무엇인가?
또는 잘못된 사과의 표현으로 진심이 전달되지 못했던 사과의 표현들은 무엇인가?

_____

_____

_____

_____

_____

_____

_____

_____

_____

4. 요구

사회생활을 하면서 여러 이유로 요구를 해야 하며 도움을 요청해야 할 때가 더욱 많아지고 있다. 이제는 일을 잘하기 위해서 혼자가 아닌 협력을 이루어야 하며 팀웍 및 전문가들의 도움을 통해 업무를 진행해야 하는 경우가 더욱 많아졌기 때문이다. 하지만 대부분의 사람들은 거절당할지 모른다는 생각 때문에 요구조차 시도하지 못하는 경우가 많다. 직장이나 조직에서 일 잘하는 사람들을 살펴보면 그들의 공통된 특징이 있다. 바로 요청을 잘하는 것이다.

『요청의 힘』이라는 책에서는 요청의 12가지 방법을 제시하고 있는데 다음의 방법을 참고하여 요청의 힘을 길러보자.

- 일단 요청하라.

- 열정으로 요청하라.

- 요청할 만한 사람에게 요청하라.

- 진정성을 가지고 요청하라.

- 노력하는 모습을 보여주며 요청하라.

- 끈기 있게 요청하라.

- 상대가 들어줄 만한 환경을 조성하라.

- 기분 좋게 요청하라.

- 분명하게 요청하라.

- 먼저 주면서 요청하라.

- 전문가에게 물어라.

- 도움을 받고 나서가 더 중요하다.

Action

내가 요구하고 싶었지만 할 수 없었던 요구가 있다면 무엇인가?
요구의 내용을 작성해 보고 요구하기를 실천해 보자.

1. 대상 :

2. 요구 내용 :

3. 요구하기 전에 내가 해야 할 것들 :

_____

_____

_____

4. 어떻게 요구할 것인지에 대하여 구체적으로 문장을 작성해 보세요.

_____

_____

_____

스티브 잡스가 12살 때 빌 휴렛(휴렛팩커드 HP의 공동 창업자, 당시 CEO)에게 전화를 걸었다. 그는 팔로알토에 살고 있었는데 전화번호부에 그의 번호가 있었던 것이다. 전화를 걸자 그가 직접 받았다.

"여보세요? 안녕하세요? 저는 스티브 잡스라고 합니다. 저는 12살입니다. 주파수 계수를 만들고 싶어서 연락드렸습니다. 혹시 남는 부품이 있으면 저에게 주실 수 있을까요?"

그러자 그분은 웃으면서 스티브 잡스에게 주파수 계수기를 만드는 데 필요한 부품을 보내줬을 뿐 아니라 그해 여름 휴렛팩커드에서 일할 수 있도록 해줬다. 그곳은 스티브 잡스에게 천국이었다.

스티브 잡스는 전화해서 부탁했을 때 '안 돼'라고 말하거나 바로 전화를 끊어버리는 사람을 만나본 적이 없다고 한다. 그래서 도움이 필요하면 무조건 전화를 했다.

출처 : 김찬배(2014), 『요청의 힘』

5. 지시 및 보고

직장에서의 업무는 의사소통을 통하여 이루어지게 된다. 그중에서 업무의 진행은 상사의 지시로부터 시작하여 실행되며 완성된 업무는 상사에게 보고로 이어지게 된다. 즉, 직장의 사회생활에서 지시 및 보고는 업무의 진행에서 필수적인 요소로 보고와 지시의 의사소통이 원활하게 이루어졌을 때 업무의 진행도 차질 없이 순조롭게 이루어질 수 있다.

지시 및 보고는 조직 의사소통 유형의 상향식 의사소통과 하향식 의사소통 방식의 커뮤니케이션이다. 지시는 하향식 의사소통 방법으로 상사로부터 시작된다. 상사의 정확한 지시의 내용과 방법은 업무과제 및 진행을 명확하게 하며 부하 직원에게 동기부여를 시키게 된다. 직원의 보고방법과 지시받는 법에서도 상사에 대한 태도를 나타내는 동시에 자신의 업무성과에까지 영향을 미치게 된다. 잘못된 지시 및 보고가 이루어지게 된다면 돌이킬 수 없는 사태가 발생하는 등 경제적·시간적 낭비가 이루어지기 때문이다. 이에 따라 올바른 지시 및 보고의 방법을 통해 원활한 업무진행이 이루어질 수 있어야 한다.

1) 지시 형태

① 구두(oral)

- 대면하여 일대일의 구두로 명령 및 지시한다.
- 전체 직원 및 부서 직원에게 동시에 명령 및 지시한다.

② 문서(written)

- 게시판이나 전자우편을 통하여 명령 및 지시한다.
- 표준문서를 통하여 명령 및 지시한다.

2) 지시방법

① 부하 직원의 입장에서 이해수준 및 역량을 고려하여 업무를 줄 수 있어야 한다.

② 업무에 대한 목적과 내용을 명확하게 하여 방향을 제시한다.

③ 업무의 진행절차에 대하여 언급하며 마감일정과 보고 등에 등하여 설명한다.

④ 업무에 대한 동기부여가 일어날 수 있도록 자긍심을 가질 수 있도록 해야 한다.

⑤ 창의력을 발휘하며 도전할 수 있는 부분에 대해서는 재량권을 주도록 한다.

3) 지시받는 법

① 적극적으로 경청한다

상사가 지시명령을 할 때는 내용에 대한 잘못된 이해나 오해가 없도록 적극적인 경청이 이루어져야 한다. 상사의 말을 끝까지 잘 경청하며 주의깊게 듣고 있음을 알 수 있도록 자세와 시선의 관리가 필요하며 중간에 말을 끊지 않도록 해야 한다.

② 명확하게 이해할 수 있도록 질문한다

상사의 지시가 이해되지 않을 때면 자신이 이해할 수 있을 때까지 질문하여야 한다. 자신의 질문에 '이것도 몰라?'라고 상사에게 꾸중을 들을까봐 납득이 되지 않음에도 불구하고 그냥 지나치게 되면 돌이킬 수 없는 사태가 발생하며 상사에게도 신뢰를 잃는 상황이 벌어지게 된다.

③ 업무의 주 내용을 재확인한다

상사의 지시가 끝나고 지시내용에 대한 이해가 끝나면 업무내용에 대한 마지막 확인이 필요하다. 이를 위하여 마지막에 재복창하여 맞는지 확인하도록 한다. "과장님, 제가 해야 할 부분이 ○○○으로 ○○○하는 것이 맞는가요?"

④ 개인의 감정의표현은 삼간다

업무 지시를 받을 때는 상사와의 개인적 감정의 표현은 삼갈 수 있도록 한다. 자신의 업무에 대한 불쾌한 감정은 기본이며 사적인 일체의 감정을 표현하지 않도록 주의해야 한다.

⑤ 메모하기

상사가 지시하면 지시사항에 대하여 메모할 수 있어야 한다. 미리 메모할 수 있는 수첩을 준비하여 갈 수 있도록 하며 상사가 말한 내용에 대하여 정확하게 메모하여 작은 부분이라도 빠뜨리지 않도록 해야 한다. 메모를 함으로써 상사에게는 잘 주의하여 듣고 있다는 태도를 보여줄 수 있다.

4) 보고하는 법

① 업무가 끝나면 최대한 빨리 보고한다

지시받은 업무에 대하여 마무리가 이루어지면 마감기한이 아직 여유가 있다고 하더라

CHAPTER 08
상황별 의사소통

도 최대한 빨리 보고하도록 한다. 상사가 요구하기 전에 보고하는 것이 좋으며 보고의 시간이 예상보다 더 필요하다고 판단할 경우 미리 상사에게 알려 어느 정도의 시간이 필요한지를 알릴 필요가 있다. 때에 따라서는 중간보고를 통해 현재까지의 상황에 대하여 보고할 수 있도록 한다.

② 보고는 논리적으로 한다

보고는 상사가 지시한 내용을 중심으로 사전에 정리하도록 한다. 결론부터 보고하며 중요순서 및 상사가 요구하는 순서로 요점중심의 보고가 이루어질 수 있도록 해야 하며 그 이유 및 근거에 대하여도 말할 수 있어야 한다.

③ 과제의 대안이 있어야 한다

보고는 주어진 과제에 대한 대안이 있어야 하며 그 대안에 대한 장점 및 단점을 파악하여 보고할 수 있어야 한다.

④ 필요시 문서작성을 통해 보고한다

보고의 내용이 복잡하고 근거자료가 필요할 경우 보고서를 작성하며 추가자료를 준비하여 보고할 수 있도록 한다.

5) 중간보고

중간보고는 최종보고 이전의 보고로 사전에 업무 진행사항을 보고함으로써 업무방향에 대하여 조율할 수 있다. 업무의 방향 및 결과를 상사와 공유함으로써 상사의 조언을 구할 수 있으며 효율적인 일처리를 가능하게 한다.

1. 일의 진척도와 이슈에 대하여 주기적으로 보고한다

중간보고는 상사에게 자유를 획득하는 매우 효과적인 방법이다. 중간보고를 하지 않고 일을 하면 상사는 궁금하여 계속 확인하게 되어, 직원의 자율성을 빼앗게 된다.

2. 상황이 급변하였을 때는 긴급하게 보고한다

일을 진척해 나가다가 내·외부 환경 등으로 일의 방향을 선회 또는 수정, 폐기하여야 하는 경우 긴급하게 보고를 해야 한다. 이러한 보고는 시점을 놓치게 되며 낭패할 확률이 매우 높다.

3. 지시가 이상할 경우는 일정시점 고민한 후에 중간보고를 실시하여 방향을 수정한다

가끔 상사가 바쁘거나 크게 신경을 쓰지 못하는 상황에서 올바르지 못한 지시를 할 경우가 있다. 이런 경우에는 지시를 받은 후 고민을 해서 일정시점의 시간을 가진 후 다시 보고를 한다면 방향을 올바르게 다시 바꿀 수 있다. 상사의 첫 지시가 완벽하다고 생각하지 마라!

4. 항상 복수의 대안을 고민하라

하나의 대안을 결정하여 강하게 주장하기보다는 여러 대안의 강·약점을 분석하고 가장 효과적인 대안을 제안하는 보고가 더 효과적이다.

5. 완성되지 않은 초안의 보고서를 보고하라

완성된 보고서를 만들기 이전에 일정수준의 방향이 구성되고, 콘셉트가 잡히면 '이것은 초안이고 이런 방식으로 보고를 하겠다'는 정도의 수준에서 1차 보고를 하는 것이 좋다. 이러한 방법은 업무시간을 획기적으로 줄여준다.

출처 : 오느 가즈유키, 『부드럽게 설명하고 강력하게 설득하는 커뮤니케이션』

6. 메신저 의사소통

SNS(Social Network Service)는 온라인상에서 타인과 소통하거나 관계를 맺을 수 있는 서비스로 SNS의 발달은 사적인 대화에서뿐만 아니라 조직 내에서도 업무를 하는 데 필수적인 도구로 사용되고 있다. 사내 메신저뿐 아니라 카카오톡 등 다양한 SNS 및 메신저를 업무에서 어떻게 활용하는지에 따라 이에 따른 의사소통 방법을 살펴볼 필요가 있다.

1) 자신의 현재상태 표현

사내 메신저의 경우에는 자신의 상태를 표현하여 현재의 상황을 적극적으로 알리는 것이 중요하다. 급하거나 바쁜 업무를 진행하고 있는 경우 '다른 용무 중', '통화중', 또는 '자리 비움' 등으로 설정하여 상대방으로 하여금 대화의 적절한 타이밍을 찾을 수 있도록 해야 한다.

2) 메신저는 간단히

업무용으로 메신저를 사용할 때는 간단하게 메시지를 전달할 수 있어야 한다. 내용이 길거나 복잡하면 오해의 소지가 생길 수 있으며 상대방의 이해가 어려울 수 있다.

3) 대화 마무리

메신저에서 대화의 마무리는 끝까지 할 수 있어야 한다. 자신의 얘기만 하고 상대방

내용에 대한 답변을 하지 않으면 무례한 느낌을 전달하게 된다. 상대방이 업무적인 내용을 전달했을 경우 그에 대한 반응의 메시지를 표현하여 이해하고 있다는 것을 알려야 한다. 또한 대화의 마무리에서 자신의 얘기가 끝났다 하더라도 '감사합니다', '또 뵙겠습니다', '좋은 오후 되십시오' 등 대화를 끝냅니다~라는 느낌을 주는 멘트를 할 수 있도록 한다.

4) 유머나 풍자는 주의

상황에 맞지 않는 부적절한 유머와 풍자 등은 오해받을 소지가 크다. 상대방이 반감을 일으키지 않도록 상대방의 상황이나 시점을 주의깊게 고려할 수 있어야 한다.

5) 이모티콘 사용

자신의 기분이나 감정을 이모티콘을 통해 표현하게 되지만 비즈니스 환경에서는 적합하지 않는 경우가 있으므로 주의가 필요하다. 상대방과의 비즈니스 관계, 친분 정도에 맞게 적절히 사용해야 한다.

Memo

Chapter

09

프레젠테이션

"중요한 것은 여러분이 무엇을 말하는가가 아니라
청중이 무엇을 듣는가이다."

– 레드 하우얼바흐 –

CHAPTER **09**

프레젠테이션

1. 프레젠테이션의 개념 및 중요성

　프레젠테이션은 과거 특정인들에게만 사용되는 의사소통의 방법으로 인식되었으나 현재는 사회에서 업무 중 프레젠테이션이 수시로 이루어지고 있으며 중요한 프레젠테이션을 통하여 검증과 평가를 받으며 사회생활에서 중요한 의사소통능력 중 하나가 되었다. 학교에서도 프로젝트 및 팀과제 수업을 통해 발표가 수시로 이루어지고 있으며 프레젠테이션이 중요한 능력으로 요구되고 있다.

　일반적으로 의사소통은 일대일의 커뮤니케이션을 통해 자신의 생각과 느낌, 사실, 의견 등에 대하여 자유롭게 표현하게 되지만 프레젠테이션은 다수를 대상으로 공식석상에서 이루어지기 때문에 일반적인 의사소통과 달리 사전준비가 필요하다. 프레젠테이션이란 자신의 의도한 목적달성을 위한 것으로 '특정다수를 대상으로 자신의 목적달성을 위하여 의견, 지식, 사실 등의 내용을 공식석상에서 효과적으로 전달하고자 하는 의사소통 방법'의 하나라고 할 수 있다. 효과적인 프레젠테이션을 위해서는 프레젠테이션 방법 등을 익히고 실전 프레젠테이션 등의 사전 경험을 통하여 준비 및 훈련시킬 필요가 있다.

자신의 프레젠테이션 상황을 생각해 보고, 자신의 의사표현 정도가 어느 정도인지 점검해 보자. 그리고 이를 바탕으로 올바른 의사표현을 위하여 자신에게 필요한 능력에는 무엇이 있을지 생각해 보자.

내 용	전혀	가끔	거의	향상
1. 나는 프레젠테이션 상황에서 일방적인 전달자가 된다.	1	2	3	4
2. 나는 프레젠테이션 상황에서 시간분배를 제대로 하지 못한다.	1	2	3	4
3. 나는 프레젠테이션 상황에서 설명이 정확하지 못하다.	1	2	3	4
4. 나는 프레젠테이션 상황에서 분위기를 딱딱하게 만든다.	1	2	3	4
5. 나는 프레젠테이션 상황에서 전문용어를 지나치게 쓴다.	1	2	3	4
6. 나는 프레젠테이션 상황에서 스크린만 쳐다본다.	1	2	3	4
7. 나는 프레젠테이션 상황에서 중얼거린다.	1	2	3	4
8. 나는 프레젠테이션 상황에서 간조어(아~, 에~)를 사용한다.	1	2	3	4
9. 나는 프레젠테이션 상황에서 종종 헤맨다.	1	2	3	4
10. 나는 프레젠테이션 상황에서 제스처를 안 쓴다.	1	2	3	4

출처 : 한국산업인력공단

① 30~40점 : 도움이 필요하다. 프레젠테이션 기술을 개발하기 위한 기법을 적극적으로 학습해야 한다.

② 20~29점 : 좋은 프레젠터이기는 하지만 앞으로 더 개선해야 한다.

③ 10~19점 : 프레젠테이션을 효과적으로 하는 사람이다.

Action

프레젠테이션의 자신의 장단점에 대하여 작성해 보자.

_____

_____

_____

_____

_____

자신의 약점을 개선하기 위한 구체적인 방안에 대하여 작성하여 보자.

_____

_____

_____

_____

_____

2. 프레젠테이션의 목적

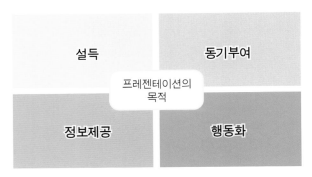

출처 : 유종숙 · 최환진(2014), 프레젠테이션 프로페셔널, 커뮤니케이션북스

　프레젠테이션은 그 목적에 따라 위의 그림처럼 설득, 동기부여, 정보제공, 행동화의 4가지로 분류할 수 있다. 그 목적에 따라 프레젠테이션의 내용과 방법을 달리 표현할 수 있으며 목적에 맞도록 준비할 수 있어야 한다. 설득은 프레젠터가 원하는 바를 설득하기 위한 것으로 설득의 스킬을 통하여 효과적인 프레젠테이션을 준비할 필요가 있다. 동기부여는 청중의 실행을 위하여 의욕을 불러일으키는 것으로 청중의 마음을 움직일 수 있는 프레젠테이션의 세심한 준비가 필요하다. 정보제공은 지식에 대한 설명으로 알기 쉽게 설명할 필요가 있으며, 행동화는 청중의 행동을 실행시키기 위한 것이다.

3. 프레젠테이션 전략

1) 3P 분석

프레젠테이션을 하기 위하여 기본적으로 3P 분석이 이루어져야 한다. 목적분석(Purpose), 청중분석(People), 장소분석(Place)으로 프레젠테이션의 목적에 대한 분석을 통해 프레젠테이션의 방향을 결정하며 청중분석을 통해 청중에게 필요한 내용을 준비할 수 있다. 그리고 장소분석을 통해 완성된 프레젠테이션을 준비할 수 있게 된다.

2) 5W1H 구성

① When : 언제 발표하는가?

프레젠테이션 일정이 잡히게 되면 그 일정에 맞추어 기획단계와 실행단계로 나누어 각 단계별 준비가 이루어져야 한다. 프레젠테이션 일정을 기준으로 기초분석, 자료수집,

내용구성, 제작, 리허설, 프레젠테이션 등의 단계로 준비한다.

② Where : 어디에서 발표할 것인가?

장소에 대한 분석으로 프레젠테이션 환경을 둘러보아야 한다. 발표장의 크기와 인원수, 발표 위치, 스크린 위치, 프레젠테이션 도구, 좌석배치, 실내분위기 등 청중들이 집중할 수 있도록 환경에 대한 분석이 이루어져야 하며 이에 따라 프레젠테이션의 매체 및 방법을 고려할 필요가 있다.

③ Who : 누구에게 발표할 것인가?

Who는 두 가지의 관점인 누가 발표할 것인가?와 누구에게 발표할 것인가?를 고려하여야 한다. 일반적으로 자신이 직접 발표하는 경우가 많으나 여의치 않은 경우에는 외부에서 섭외하여 발표할 수도 있다. 가장 좋은 방법은 프레젠테이션을 준비하는 사람이 발표하는 것이 가장 효과적으로 전달할 수 있다.

청중에 대한 분석은 성공적인 프레젠테이션을 좌우하는 만큼 청중의 특징을 파악하여 준비할 수 있어야 한다. 분석할 구체적인 부분으로는 학력 및 지식수준, 담당업무 분석, 지위 및 태도 분석, 주제에 대한 지식 분석, 연령대 파악 등을 통하여 계획을 수립한다.

④ What : 무엇을 발표할 것인가?

무엇을 발표할 것인가는 곧 주제에 관한 부분으로 주제가 있는 내용을 의미한다. 콘텐츠를 구성하며 이를 논리적으로 배열할 수 있어야 효과적으로 전달할 수 있다.

⑤ Why : 왜 발표하는가?

프레젠테이션의 발표 이유이며 청중들에게 목적한 바를 전달하기 위한 동기부여 과정에 해당된다. 동기부여가 잘 이루어졌을 때 목적한 프레젠테이션이 잘 이루어질 수 있으며 목적 달성의 가능성을 높이는 프레젠테이션이 될 수 있다.

⑥ How : 어떻게 보여줄 것인가?

발표자의 인사, 복장, 에티켓, 제스처 등과 함께 청중들과 공감대를 형성하며 분위기를 이끌어가는 발표스킬 및 보여지는 모든 것을 포함한다. 청중들과의 공감대 형성은 프레젠테이션의 분위기를 좌우하는 만큼 공감대 형성을 위한 발표스킬과 태도 등에 대한 준비가 필요하다.

4. 프레젠테이션 구성

1) 내용 구성

프레젠테이션을 위한 분석 및 전략이 이루어지면 내용을 구성 및 개발해야 한다. 일반적으로 내용은 주제에 따라 서론, 본론, 결론의 3단계 구성 또는 기, 승, 전, 결의 4단계 구성이 있다. 일반적으로 3단계 구성을 주로 사용하고 있다.

(1) 주제 설정

발표에서는 목적한 바를 하나의 문장으로 표현할 수 있는 주제가 필요하다. 발표의 핵심사항이라 할 수 있다.

(2) 3단계 구성법

발표 주제에 맞게 서론, 본론, 결론의 3단계 구성으로 서론에서는 도입으로 배경 및 문제제기가 이루어지며, 본론에서는 발표할 내용의 주된 내용을 다루게 된다. 결론에서는 요약 및 정리로 다시 한 번 강조할 수 있도록 한다.

(3) 4단계 구성법

기, 승, 전, 결의 방법으로 기의 단계에서는 관심유도 및 문제를 제기하며, 승에서는 문제해결의 단계로 청중들에게 오는 유익한 점 등에 대하여 언급한다. 전의 단계에서는 주제에 대한 구체적인 방법 및 실행방안을 제안 및 발표하며, 마지막 결의 단계에서는 결론을 내리는 단계로 전체의 마무리를 할 수 있도록 한다.

2) 귀납법과 연역적 구성 논리법

(1) 귀납법 구성 논리법

귀납법은 '개별적인 특수한 사실이나 원리로부터 일반적이고 보편적인 명제 및 법칙을 유도해 내는 일'이다. 관찰과 경험 등 여러 사례를 통하여 공통의 성향 및 관련성을 가진 결론을 도출하는 방법이다.

- 사례 1 : 소크라테스는 죽었다.
- 사례 2 : 아리스토텔레스도 죽었다.
- 사례 3 : 이순신도 죽었다.
- 결론/일반화 : 고로 모든 사람들은 죽을 것이다.

(2) 연역적 구성 논리법

연역법은 일반적으로 알려진 이론을 제시하고 어떠한 현상에 대입시키며 이에 대하여 결론을 도출해 내는 방법이다. 일반적인 법칙을 통해 특정한 법칙을 도출하는 것이다.

- 대전제 : 모든 사람은 죽는다.
- 소전제 1 : 소크라테스는 사람이다.
- 소전제 2 : 소크라테스는 죽었다.
- 특정법칙 도출 : 고로 사람인 나도 죽는다.

3) 본론의 내용 개발 및 구성 방법

(1) 에피소드 개발

격언, 명언, 속담, 신문, 잡지, 책 등에서 자신이 전달하고자 하는 내용과 관련된 부분을 전달하는 것이다. 에피소드를 잘 활용하게 되면 전달하고자 하는 주제를 더욱 명확하며 공감할 수 있게 해주며, 실제 사례를 통해서 해결 팁을 제공하게 해준다.

(전략)

그렇기 때문에 고객의 니즈를 얼마나 잘 파악하느냐는 매우 중요하다 할 수 있다. 고객은 때때로 잘 못된 정보를 주기도 한다. 실제로 고객의 잘못된 니즈파악으로 상품판매에서 실패한 기업이 있다. 대 표적인 사례로 17개월 만에 폐간된 〈마리안느〉 잡지가 그 예이다.

여성잡지 〈마리안느〉는 출간 전 독자들에게 철저한 시장조사를 통하여 고객의 니즈 분석을 통해 기 획되었다. 주부 고객들에게 無섹스, 無루머, 無스캔들의 명품 잡지가 나온다면 사서 보겠는가?라고 질문했을 때 95% 이상이 사서 보겠다고 대답했으며 이에 따라 1991년 창간되었다. 하지만 〈마리안 느〉는 2년을 채우지 못한 채 17개월 만에 폐간되었다. 이유는 간단하다. 주부들이 면대면으로 질문을 받았을 때 괜찮은 사람으로 보여주고 싶은 심리로 인하여 잡지를 보는 진짜 이유(섹스, 루머, 스캔들) 를 말할 수 없었기 때문이다. 일반적으로 사람들은 아무리 익명성을 가진 인터뷰, 설문조사라 하더라 도 자신의 진짜생각, 욕망과는 다른 대답을 할 수 있다고 한다.

이렇듯 고객의 진짜 욕구를 알기는 쉽지 않다. (후략)

출처 : 이지연(2017), 『서비스, 고객경험을 디자인하라』

(2) 스토리텔링

'스토리(story) + 텔링(telling)'의 합성어로서 말 그대로 '이야기하다'라는 의미를 지닌 다. 즉 상대방에게 알리고자 하는 바를 재미있고 생생한 이야기로 설득력 있게 전달하 는 행위이다. 미래학자 롤프 옌센(Rolf Jensen)은 "세상은 이미 물질적인 부가 아닌 문 화와 가치, 생각이 중요해지는 꿈의 사회로 진입했으며, 이러한 사회에서는 브랜드보다 고유한 스토리를 팔아야 하며 이제 스토리텔링을 배우지 못한다면 사람들을 설득할 수

없고, 설득할 수 없다는 것은 원하는 것 을 얻지 못한다는 의미와도 같다"고 말 했다. 자신이 전달하고자 하는 지식, 의 견, 정보 등을 자신이 경험한 사례를 토 대로 얘기한다면 더욱 생생하고 재미있 게 전달함으로써 더 큰 효과를 전달할 수 있다.

끊임없이 갈망하고 끊임없이 배워라
스티브 잡스의 스탠퍼드대학교 졸업 축사(2005년 6월)

(전략)

그렇게 해서 서른 살에 저는 애플에서 쫓겨났습니다. 그것도 아주 공개적으로 말이죠. 줄곧 제 성년기 인생의 구심점 역할을 했던 대상이 사라져버리자 정말 참담한 심정이었습니다.

저는 몇 달 동안 어떻게 해야 할지 종잡을 수 없었습니다. 제가 선배 기업인들을 실망시켰다는 생각이 들었습니다. 계주에서 앞서 달렸던 주자가 제 손에 쥐어준 바통을 놓친 것처럼 말입니다. 저는 일을 그르친 것에 대해 데이비드 패커드(David Packard)와 밥 노이스(Bob Noyce)를 만나서 사과하려고 애썼습니다. 공공연한 실패자가 된 저는 심지어 실리콘 밸리를 아주 떠날까도 생각했습니다.

하지만 뭔가가 제 머릿속에 떠올랐습니다. 제가 하던 일을 여전히 사랑하고 있다는 자각이었습니다. 애플에서 겪었던 그 어떤 사건도 그 사실에는 전혀 영향을 주지 못했습니다. 비록 해고됐지만 전 여전히 사랑에 빠져 있었던 겁니다. 그래서 저는 다시 시작해 보기로 했습니다.

그때는 몰랐지만 나중에 생각해 보니 애플에서 해고된 것은 제 인생에서 최고의 사건이었습니다. 모든 것이 불확실한 초심자의 마음으로 돌아가니 성공에 대한 부담감은 후련함으로 바뀌었습니다. 그로 인한 자유로움 속에서 저는 인생에서 가장 창의력이 넘치는 시기를 맞이하게 되었습니다.

그 후 5년 동안 저는 넥스트와 픽사라는 회사를 차렸고 또한 제 아내가 될 멋진 여성과 사랑에 빠졌습니다. 세계 최초로 컴퓨터 애니메이션〈토이 스토리〉를 제작한 픽사는 지금 세계에서 가장 성공한 애니메이션 제작사가 되었습니다.

애플이 넥스트를 인수하고 저는 다시 애플로 복귀하게 되었습니다. 우리가 넥스트에서 개발한 기술은 현재 전성기를 구가하고 있는 애플에서 핵심 역할을 하고 있습니다. 그리고 저는 로렌과 멋진 가정도 꾸렸습니다.

제가 지금 분명히 단언할 수 있는 것은 만일 제가 애플에서 해고되지 않았다면 이런 일들이 결코 일어나지 않았을 거라는 겁니다. 해고의 경험은 지독하게 쓴 약이었지만 환자에게는 필요한 약이었나 봅니다. (후략)

출처 : 백미숙(2014), 스피치, 커뮤니케이션북스

(3) 3의 법칙

많은 내용 중에서 핵심내용을 3가지의 요점으로 정리하여 전달하는 방법이다. 숫자 3은 2개 혹은 4개보다 안전한 느낌을 주게 되어 완성된 구조로 주제를 전달할 수 있다. 서론, 본론, 결론의 3의 구조와 함께 본론의 내용에서도 핵심내용을 3의 구성요소로 첫째, 둘째, 셋째로 구성하여 전달할 수 있다. 유명 글로벌 컨설팅 회사 맥킨지에서도 3의 법칙을 사용하고 있다.

[미 대학농구팀 코치였던 지미 발바노의 연설]

저는 우리가 매일 해야 할 세 가지 일이 있다고 생각합니다. 그리고 우리는 평생 이 일을 해야 합니다.

첫 번째 일은 매일 웃는 겁니다. 두 번째 일은 생각하는 것입니다. 언제나 생각하는 시간을 가져야 합니다. 세 번째 일은 눈물 날 만큼 행복과 기쁨을 느끼는 겁니다. 항상 웃고 생각하며 하루를 보낸다면 더없이 충만할 겁니다. 〈중략〉

암은 저의 육체적 능력을 빼앗을 수 있지만 저의 정신은 빼앗지 못합니다. 마음도 건드리지 못합니다. 그리고 저의 영혼도 마찬가지입니다. 그리고 이 세 가지는 늘 저와 함께 있을 겁니다.

출처 : 멋진 프레젠테이션을 위한 3의 법칙 활용법[펌]

(4) FABE법

Feature(기능, 사양), Advantage(장점 또는 차별적 특성), Benefit(혜택), Evidence(근거 및 증거)의 각 단어의 머리글자를 딴 것으로 설득력 있는 프레젠테이션을 가능하도록 하는 방법이다.

① Feature(기능, 사양)
② Advantage(제품이나 서비스의 장점 또는 차별적 특성)
③ Benefit(제품이나 서비스를 사용함으로써 누리는 혜택)
④ Evidence(구체적인 근거 및 증거)

① Feature(기능, 사양)

이 핸드폰은 깨끗한 통화품질이 특징입니다. 게다가 소음제거 기능까지 갖추고 있습니다.

② Advantage(제품이나 서비스의 장점 또는 차별적 특성)

소음이 아무리 심한 지역에서도 소음제거 기능으로 인해 언제든 조용한 통화가 가능하다는 것이지요.

③ Benefit(제품이나 서비스를 사용함으로써 누리는 혜택)

그렇기 때문에 사업상 중요한 통화를 하다가 주위 소음으로 전화를 중단할 필요도 없고 회의 중에 밖으로 나갈 필요 없이 조용한 대화가 가능합니다.

④ Evidence(구체적인 근거 및 증거)

그래서 요즘 많은 기업의 경영자나 임원진뿐만 아니라 전문가 그룹에서는 성공의 상징처럼 이 스마트폰을 선택하고 계십니다.

(5) PREP법

Point(결론, 핵심내용), Reason(근거, 이유), Example(사례, 예), Point(결론, 제안)의 각 단어의 머리글자를 딴 것으로 논리적이며 설득력 있는 프레젠테이션을 가능하도록 하는 방법이다.

① Point(결론, 핵심내용) : 결론에 대하여 제시
② Reason(근거, 이유) : 결론에 따른 이유 제시
③ Example(사례, 예) : 구체적인 사례
④ Point(결론, 제안) : 마지막으로 한번 더 결론 제시

① Point(결론, 핵심내용) : 결론에 대하여 제시
저는 행복한 삶을 자신이 만들어가는 것은 중요하다고 생각합니다.

② Reason(근거, 이유) : 결론에 따른 이유 제시
왜냐하면 행복한 삶은 누군가에 의해 결정되는 것이 아니기 때문입니다.
그리고 행복한 삶을 만들어나가면서 더욱더 활기차고 진취적인 행복한 삶을 경험할 수 있기 때문입니다.

③ Example(사례, 예) : 구체적인 사례
예를 들어 닉 브이치치는 자신의 고난 속에서도 자신의 삶의 도전을 통해 행복한 삶을 만들어나가고 있는 모습을 볼 수 있습니다.

④ Point(결론, 제안) : 마지막으로 한번 더 결론 제시
결론적으로 행복은 자신이 어떠한 삶을 만들어나가느냐에 달려 있으며 자신이 행복을 만들어나가는 것은 중요하다고 생각합니다.

본론의 내용 개발 및 구성 방법을 위한 다음의 프레임들을 적용하여 사용해 보자.

(6) 2W1H법

① What(정의, 핵심내용) : 정의 및 핵심내용 제시

② Why(목적, 이유) : 핵심내용에 따른 목적과 이유 제시

③ How(방법) : 구체적 방법 설명

(7) SDS법

① Summary(개요) : 전체 개요 설명

② Detail(상세) : 본론을 구체적으로 설명

③ Summary(정리) : 마지막 한번 더 개요를 정리

(8) TAPS법

① To Be(이상) : 프레젠터의 이상(원하는 것) 제시

② As is(현상태) : 현재의 상태 설명

③ Problem(문제) : 이상과 현 상태의 동떨어진 문제점 지적

④ Solution(해결) : 해결책 제시

Action

앞의 '본론의 내용 개발 및 구성 방법' 중에서 하나의 방법을 골라 '행복' 또는 '바람직한 직장인의 상'을 주제로 문장을 작성해 보자.

5. 당당한 보디랭귀지 표현

1) 올바른 자세

프레젠테이션에서 당당하고 자신감 있는 자세는 청중들에게 신뢰감을 전달하게 된다. 아무리 내용과 목소리가 좋다고 해도 시각적인 부분의 영향력은 55%로 그 비중은 크다고 할 수 있다. 당당하고 자신감 있는 바른 자세를 연출함으로써 신뢰감을 줄 수 있어야 한다. 양다리에 똑같이 힘을 주어 바르게 설 수 있도록 하며 가슴과 등을 곧게 세워야 한다. 이러한 자세는 편안히 숨을 쉴 수 있게 하여 프레젠터의 여유 있는 모습을 만들어준다. 또한 너무 자신감이 넘쳐 거만함을 보이지 않도록 팔짱 끼는 자세, 뒷짐자세 등에 주의해야 한다.

2) 자연스러운 제스처

자연스럽고 다양한 제스처는 청중의 관심을 지속적으로 이끌게 된다. 오픈된 제스처를 통해 청중들에게 긍정적인 느낌을 전달하게 되며, 작은 제스처를 통한 자연스런 움직임은 편안함과 메시지의 내용을 강조할 수 있다. 그 밖에 머리, 팔, 그리고 손을 통한 제스처를 통해 메시지를 효과적으로 전달할 수 있다. 하지만 제스처가 인위적일 때는 어색해 보일 수 있으므로 자연스런 제스처를 통해서 청중의 마음을 사로잡을 수 있어야 한다.

3) 밝은 표정

프레젠테이션에서 중요한 부분 중 하나가 발표자의 표정이다. 표정은 그 사람의 감정이나 정서 등의 심리상태가 그대로 드러나기 때문에 어떤 표정을 짓느냐에 따라 프레젠테이션의 분위기와 청중들의 분위기를 좌우하게 된다. 프레젠테이션의 목적에 따른 표정의 연출이 필요하며 밝은 표정과 활기찬 표정을 통해 긍정적인 느낌을 전달할 수 있어야 한다.

4) 시선처리

효과적인 프레젠테이션을 위해서는 청중과 소통하는 시선처리가 중요하다. 프레젠테이션의 부담감으로 먼 곳을 바라보거나 바닥을 바라보게 되면 자신감 없는 모습으로 비춰지게 되며, 청중과는 소통이 이루어지지 않게 된다. 시선은 청중들을 바라봐야 하며 한 사람 한 사람과 눈맞춤을 통해 소통하며 프레젠테이션할 수 있어야 한다. 청중과 시선을 맞추게 되면 청중들의 반응을 살필 수 있으며 이해 정도를 알게 됨으로써 현장상황과 청중들의 니즈에 맞는 프레젠테이션이 가능하다. 시선은 너무 자주 옮기지 않으며 한마디할 때 한 사람 정도의 시선처리를 함으로써 산만하지 않으며 집중된 모습을 연출할 수 있도록 주의해야 한다.

5) 옷차림

프레젠터의 옷차림은 청중에 대한 매너이며 신뢰감을 표현한다. 청중과 프레젠테이션의 목적을 고려한 적절한 복장과 용모를 갖추는 것이 중요하며 단정하고 깔끔한 인상을 줄 수 있도록 한다. 너무 화려하거나 튀는 복장은 주의하며 무난한 디자인과 색상의 정장으로 신뢰감을 표현할 수 있어야 한다.

청중을 불쾌하게 만드는 프레젠테이션 사례

1. 제시간에 프레젠테이션이 시작되지 않았다.
2. 프레젠터(발표자)가 직접 나타나지 않고 다른 사람이 대독했다.
3. 프레젠터가 횡설수설하여 무슨 말을 하는지 모르겠다.
4. 프레젠터가 청중을 무시하는 어투로 말했다.
5. 프레젠테이션의 내용이 부정확했다.
6. 프레젠터가 문제에 선입관을 가지고 내용을 전개했다.
7. 프레젠터가 사소한 문제에 시간을 많이 낭비하여 정작 핵심적인 문제를 깊게 다루지 못했다.
8. 프레젠터가 성의가 없이 서둘러 프레젠테이션을 마쳤다.
9. 예정된 시간에 프레젠테이션을 마치지 못했다.
10. 프레젠터가 발표 내용에 자신감이 없어 보였다.
11. 프레젠테이션 제목과 내용이 일치하지 않았다.
12. 내(청중)가 왜? 프레젠테이션을 들어야 하는지 의문이 들게 하였다.
13. 프레젠터가 그 분야의 전문인이 아니었다.
14. 시각자료가 복잡하고 혼란스러웠다.
15. 시각자료가 화려한 디자인만 강조되어 있었다.
16. 시각자료에 그림이나 사진 없이 글자로만 구성되었다.
17. 시각자료에서 짜깁기한 듯한 느낌을 받았다.
18. 시각자료에서 오타가 발견되었다.
19. 제시하고자 했던 자료가 기술적인 접근이 부자연스러웠다.
20. 프레젠테이션의 복장이 상황에 어울리지 않았다.
21. 주최 측의 무성의로 원만한 진행이 되지 못했다.
22. 프레젠터가 청중의 질문에 무척 당혹스러워했다.
23. 프레젠터가 청중에게 질문할 시간을 주지 않았다.
24. 프레젠터가 자기자랑이 너무 지나쳤다.
25. 프레젠터가 자꾸만 시간이 부족하다는 말을 강조했다.
26. 프레젠터가 자기 실수에 대해 죄송하다는 말을 반복했다.
27. 프레젠터가 양해도 없이 예정된 시간을 많이 초과했다.
28. 프레젠터가 스크린만 집중하여 혼자 설명했다.
29. 프레젠터가 기기 조작이 서툴렀다.
30. 여기저기 졸고 있는 청중이 많지만 프레젠터는 개의치 않고 준비한 원고만 읽고 있었다.

출처 : 한정선(1999). 『프레젠테이션, 오! 프레젠테이션』, 김영사

6. 프레젠테이션 방해요인 제거방법 한국산업인력공단 매뉴얼 참조

1) 연단공포증 극복 방법

  익숙하지 못한 임무, 생소한 환경, 의사표현 성과에 대한 불안 등이 심리적 불안요인
이다. 이러한 요인들은 다음과 같은 방법으로 극복할 수 있다.

  ① 완전무결하게 준비하라.

  ② 청중 앞에서 말할 기회를 자주 가져라.

  ③ 시간보다 더 많이 준비하라.

  ④ 충분히 휴식하라.

  ⑤ 처음부터 웃겨라.

  ⑥ 심호흡을 하라.

  ⑦ 청자분석을 철저히 하라.

  ⑧ 청자를 호박으로 보라.

  ⑨ 청자의 코를 보라.

2) 말 연습방법

  ① 등이 의자 등에 닿지 않도록 몸을 앞으로 조금 당겨라.

  ② 앉은 채로 키를 최대한 높일 수 있도록 상체를 위로 쭉 뻗어라.

  ③ 가장 큰 소리로 말하는 것처럼 가능한 한 성대와 목의 근육을 조여라.

  ④ 한꺼번에 긴장된 모든 근육을 풀어라.

  ⑤ 가능한 한 몸을 이완시키고 곧바로 앉아, 목과 목구멍의 근육이 완전히 이완되도
     록 하라.

⑥ 머리가 정상적인 자세보다 어깨에 더 가까워져야 한다.

⑦ 말하는 동안 하품을 하는 자세로 목의 근육과 목청을 유지할 수 있도록 너댓 번 하품을 하여 보아라.

⑧ 이러한 자세를 계속 유지하면서 짧은 문장을 크게 소리 내어 읽어보아라.

3) 음성을 좋게 하는 방법

① 숨을 얕게 들이마시면 목소리가 떨리므로 숨을 깊게 들이마셔라.

② 음가를 정확히 내기 위해 입을 크게 벌려라.

③ 입안이 타는 듯하면 소금을 먹어라.

④ 긴장이 되면 껌을 씹어라.

⑤ 당분과 지방질 음식이 성대 보호에 좋다.(오미자차, 꿀, 과일, 주스, 사탕 등)

⑥ 술과 담배를 절제하고, 충분한 휴식을 취하라.

4) 몸짓을 자연스럽게 하는 방법

① 두 다리 사이를 너무 넓게 벌리지 않는다.

② 몸의 체중을 한쪽 다리에 의존하지 않는다.

③ 지나치게 경직된 자세를 피한다.

④ 갑자기 자세를 고치지 않는다.

⑤ 뒷짐을 지든가, 팔짱을 끼든가, 손을 주머니에 넣지 않는다.

⑥ 화자와 청자의 시선을 연결시킨다.

⑦ 시선을 골고루 배분한다.

⑧ 눈동자를 함부로 굴리지 않는다.

⑨ 시선을 한 곳에 둔다.

⑩ 대화의 내용과 시선을 일치시킨다.

5) 유머를 활용하는 방법

① 자기의 실패담을 이야기한다.

② 기발한 재료를 모은다.

③ 한 단계 더 파고든다.

④ 습관적인 사고방식을 배제한다.

⑤ 청자 가운데 한 사람을 화제로 삼는다.

⑥ 쾌활한 태도로 간단한 이야기를 임기응변식으로 처리한다.

⑦ 이야기는 빨리 하고 빨리 끝낸다.

⑧ 서툰 유머를 해서는 안 된다.

⑨ 무리하게 웃기려 해서는 안 된다.

⑩ 청자를 염두에 두고 이야기를 선택해야 한다.

⑪ 뒷맛이 나쁜 이야기는 하지 말아야 한다.

⑫ 화자가 먼저 웃어버리면 안 된다.

⑬ 진지한 내용의 연설을 전개할 때, 요점 보강에 주력하되 유머 삽입은 가능하면 피한다.

6) 보디랭귀지

① 외모

외모 면에서 자세, 복장, 얼굴 표정이 청자에게 보낼 수 있는 모든 신호일 것이다. 몸 동작의 기초가 되는 것은 화자의 자세이다. 여기서도 자연스러운 자세가 화자에게 좋은 자세이다. 그러나 실제 문제는 어느 사람에게나 공통된 좋은 자세가 있는 것은 아니라는 점이다. 좋은 자세란 화자의 몸이 정상적일 때를 말한다. 가령, 화자가 근육을 움직여도 어색하거나 부자연스러운 점이 없고, 또 호흡이나 발성에 부담을 주지 않는 자세가 좋은 자세다. 다시 말하면 몸 자체가 편안한 상태, 청자에게 불쾌감을 주지 않는 자세를 말하며, 이런 좋은 자세가 자연스럽게 취해지기 위해서는 사전에 말할 때와 자세를 가까운 사람에게 보이고 결함이 있으면 이를 고치도록 해야 한다.

② 동작

화자의 동작은 그것이 의도적이든 아니든 청자에게 어떤 의미를 부여한다. 화자가 잠시 말을 멈추고 청중에게 한 발짝 다가갔다면, 그것은 상황에 따라서 "나의 신념을 믿으시오", "중요한 말을 하고자 합니다", "내 이야기를 어려워하지 마시오." 등의 의미를 가질 것이다. 또한 몸을 좌우전후로 한 발짝 옮긴다면 이것은 사상의 이전 또는 심화를 의미할 수 있다. 이러한 동작에서 화자의 정신상태, 태도, 여건, 역할, 생명력 등이 은연중에 표출되는 것으로 보인다. 이것은 역으로 필요시 동작의 통제도 같은 효과를 나타낼 수 있음을 의미하는 것이라고 하겠다.

연단에서 온몸의 움직임은 부자연스러워서는 안 된다. 남녀노소는 각기 그 동작이 달라야 한다. 남성이나 젊은이가 여성이나 늙은이보다 힘 있고 움직임이 커야 하는 것은 당연한 사실이다. 연단에서 몸의 위치를 바꿀 때가 더러 있다. 위치를 바꾸는 것은 바꿀 필요가 분명할 때 행한다. 그렇지 않으면 무의미하게 몸을 움직이게 되어 청자를 불안하게 만든다. 분명한 동작, 명확한 움직임은 동작의 필수조건이다.

7. 스피치 방법 한국산업인력공단 매뉴얼 참조

1) 장단

우리는 어린 시절부터 국어를 배울 때 장단의식을 별로 염두에 두지 않았는데, 사실은 글자로 표기하면 똑같은 말이라도 그 말의 모음을 길게 발음하느냐 짧게 발음하느냐에 따라 뜻이 바뀌기 때문에 정확한 분별의식을 가져야 한다. 가령 같은 '말'이지만 짧게 발음하면 말(馬)이 되고, 길게 발음하면 말(語)이 되니 주의해야 할 일이다.

2) 고저

우리말에는 낱말의 구조에 따라 소리남에 차이가 생기는 고조현상이 있다. '암행어사 출두요!' 할 때 어사의 '어'음이 보통 '어린이'의 '어'음과는 소리남이 다르다. '아기를 등에 업다'와 '돈이 없다'에서 '업'의 경우도 마찬가지다. 음의 장단과 겹치는 현상이기도 한데, 이는 음의 고저에서 높은 '어'가 그 발음이 길기 때문이다. 이외에도 거북하다, 거룩하다, 거부권, 헌법, 건물, 검사, 서무과, 거인 등은 높은 '어'로 발음이 된다.

간혹 초등학교 어린이들이 국어 교과서를 읽는 데 글자대로만 읽으려는 잘못을 보인다. 이것은 글과 말, 철자와 발음이 다르다는 것을 배우지 못한 까닭이다. 세련된 스피치는 세련된 말씨에서 찾을 수 있고, 세련된 말씨는 우선 정확한 발음에서 찾는다면 미묘한 발음의 차이를 하나하나 익혀둘 필요가 있다.

3) 발음

우리말의 발음은 음가대로 발음해야 할 경우, 음가를 더해 내는 경우, 음가를 줄여 내는 경우, 음가를 바꾸어 내는 경우, 이 소리 저 소리 두루 쓰이는 경우 등으로 나누어볼 수 있다.

4) 속도

말하기 속도는 상황에 따라, 화자 감정에 따라 다르다. 따라서 확고한 기준을 세울 수 없다. 다만 적절한 속도를 고려하게 될 뿐이다. 속도는 화자 측과 청자 측 양쪽에서 고려된다. 생리적으로 입이 빠르고 머리 회전이 빠르며, 당돌한 성격의 화자는 말의 속도가 빠르다. 그러나 바람직한 것은 상대방의 이해와 공감을 먼저 생각하고, 말할 내용을 고려한 다음 속도를 정하는 일이다. 상대방을 고려함에 따라 전체적인 말하기 속도가 정해진다. 상대가 연소한 어린이나 연로한 노인일 때, 비교적 천천히 말하게 되고, 이해가 빠르고 지적 수준이 높은 중년 교양층일 때, 비교적 빠르게 말하게 된다. 이것은 말하기에서 전체적인 속도이지만, 말하는 도중 부분적으로 속도에 완급이 생길 때가 있다. 부분적 완급은 부분의 내용과 의미에 좌우된다.

5) 쉼

쉼이란 이야기 속에 주어지는 침묵의 시간을 말한다. 이는 심리적 효과를 증대시키기 위하여 의식적으로 말을 끊는 것으로, 이를 잘 활용함으로써 우리는 논리성, 감정제고, 동질감 등을 확보할 수 있다.

듣기 좋은 속도의 이야기에서 쉼의 총량은 이야기 전체의 35~40%가 적당하다는 주장이 있다. 쉼의 경우에는 여러 가지가 있는데, 이를 열거하면 다음과 같다.

● 이야기의 전이(轉移) 시

● 양해, 동조, 반문의 경우

● 생략, 암시, 반성의 경우

● 여운을 남길 때

6) 띄어 말하기

띄어 말하기란 분절에 의해 문장의 전후가 구분되는 호흡단위이다. 이러한 음성분절의 원인은 여러 가지다. 첫째로, 발화시(發火時)라도 숨을 들이쉬면 발음운동이 일시 정지되고, 둘째, 이야기를 남에게 쉽게 이해시키려면 일시 발언이 멈춰지고, 셋째, 국적 표현일 때 발언에 일시 공백이 필요한 경우가 있다. 넷째, 말을 잘못 했을 때 역시 음정이 분절된다.

참고문헌

고선미, 김정아, 류병진(2017), NCS 의사소통 액션북, 공동체

권인아, 오정주(2018), 의사소통능력, 한올

김나위(2017), DISC 행동유형과 사주명리학 일간의 성격 비교 연구, (사) 아시아문화학술원,
      pp. 327-342

김성희(2017), 인간관계와 의사소통, 공동체

김찬배(2014), 요청의 힘, 올림

다이앤 디레스터, MBA에서도 가르쳐주지 않는 프레젠테이션, 비즈니스북스

민혜영, 유은석, 임경력(2018), 의사소통능력, 지식공동체

박민영, 강지연, 김연정, 너 프레젠테이션 처음이지? 시대에듀

박보영(2010), SO통!! 에듀큐

박소연, 변풍식, 유은경(2004), 2012 서비스 리더십과 커뮤니케이션, 한올

박상수(2014), 직장생활과 인간관계, 백산

박경록, 이철규(2017), 대인관계 능력, 한올

배용관(2016), 리더의 코칭, 아비요

베벌리 엥길(2001), 사과의 힘

송은옥(2018), 대학생의 노인에 대한 태도에 관한 연구

사이토 다카시(2003), 질문의 힘, 루비박스

양애경, 송영선, 김주섭, 최종철(2018), 사람중심 리더십, 공동체

이성태(2017), 인간관계론, 양성원

이은숙(2014), 인간관계와 의사소통, 양서원

이정미, 박홍석, "자기인식척도(SAS)의 개발 및 타당화 연구", 상담학연구

이재희, 최인희(2014), 비즈니스 커뮤니케이션, 한올

이재희, 임영수, 김미선, 박연희, 김경진(2017), 의사소통 능력, 양성원

이지연(2017), 서비스, 고객경험을 디자인하라, 백산출판사

임창희, 홍용기(2013), 비즈니스 커뮤니케이션, 청람

오느 가즈유키, 부드럽게 설명하고 강력하게 설득하는 커뮤니케이션, 새로운 제안

차동욱, 심원술, 서재현, 이호선(2010), 리더십, 한경사

최한규(2015), 좌절하지 않고 쿨하게 일하는 감정케어, 전나무숲

한정란(2002), 대학생들의 노인에 대한 태도에 관한 연구

한국산업인력공단, 의사소통 능력 매뉴얼

홍순이(2009), 비즈니스 커뮤니케이션, 대영문화사

Hamachel, D. E.(1978), Encounters with the Self(2nd ed.), Holt, Rinehart & Winston

■ 저자 소개

이지연

서울과학종합대학원 대학교 경영학/서비스 경영 박사
숙명여자대학교 Hospitality MBA/경영학 석사
세종대학교 가정학 학사

現) 대림대학교 직업교육혁신센터 교수
　　한국코치협회 KAC 코치

前) 신안산대학 국제비서과 교수
　　LIG손해보험 인재니움 과장/고객만족팀 과장
　　수협은행 CS 컨설턴트 차장
　　현대백화점 서비스아카데미 선임강사
　　국민은행 CS 전문강사

저서) 서비스, 고객경험을 디자인하라

E-mail : ezservice@hanmail.net

저자와의
합의하에
인지첩부
생략

의사소통 액션 북

2019년 3월 10일 초판 1쇄 발행
2021년 3월 15일 초판 3쇄 발행

지은이 이지연
펴낸이 진욱상
펴낸곳 (주)백산출판사
교　　정 편집부
본문디자인 강정자
표지디자인 오정은

등　　록 2017년 5월 29일 제406-2017-000058호
주　　소 경기도 파주시 회동길 370(백산빌딩 3층)
전　　화 02-914-1621(代)
팩　　스 031-955-9911
이메일 edit@ibaeksan.kr
홈페이지 www.ibaeksan.kr

ISBN 979-11-89740-34-4 13190
값 17,000원